Treasures for Scholars Worldwide

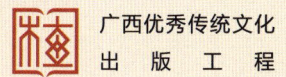
广西优秀传统文化
出版工程

石刻里的广西

书法艺术卷

秦冬发 著

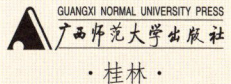
·桂林·

石刻里的广西 书法艺术卷
SHIKE LI DE GUANGXI SHUFA YISHU JUAN

图书在版编目（CIP）数据

石刻里的广西. 书法艺术卷 / 秦冬发著. -- 桂林 : 广西师范大学出版社，2024.12. -- ISBN 978-7-5598-7737-6

Ⅰ. G127.67-49

中国国家版本馆 CIP 数据核字第 2024ZH8965 号

广西师范大学出版社出版发行

（广西桂林市五里店路9号　邮政编码：541004）
　网址：http://www.bbtpress.com

出版人：黄轩庄

全国新华书店经销

广西广大印务有限责任公司印刷

（桂林市临桂区秧塘工业园西城大道北侧广西师范大学出版社
　集团有限公司创意产业园内　邮政编码：541199）

开本：880 mm × 1 230 mm　1/32

印张：9.375　　　字数：194 千

2024 年 12 月第 1 版　　2024 年 12 月第 1 次印刷

定价：36.00 元

如发现印装质量问题，影响阅读，请与出版社发行部门联系调换。

总　序

◆

　　广西地处中国南部，区位优越，东邻广东、西通云贵、南接越南，在中国与东南亚的政治、经济、文化交往中一直占有重要地位。广西这片土地不仅山川秀美、历史悠久，更因多民族的交往交流交融，绘就了璀璨的文化图景。

　　石刻作为一种独特的文化载体，承载着广西千百年来的历史记忆、文化传承与艺术精髓。广西石灰岩资源丰富，分布广泛，石质坚硬，便于雕镌。在尚未有文字记载的时代，广西先民就已学会在崇左花山等山岩崖壁上描绘日常生活场景，表达思想感情与艺术想象。广西现存最早的石刻，应是南朝刘宋时期的石质买地券，但刻碑风尚至少可上溯至东汉时期，东汉末建安二十一年（216）曾任零陵郡观阳长（观阳即今桂林市灌阳县）的熊君墓碑，虽立于今湖南永州市道县境内，但说明当时刻碑风气已在零陵郡一带广泛流行。

　　石刻在广西地区的广泛分布，不仅展现了中华文明在边疆地区扩散传播的轨迹，也是多民族交往交流交融的重要见证，为铸牢中华民族共同体意识发挥了不可替代的作用。广西历史石刻分布地域广泛、数量繁多,堪称通代文献渊海。自唐宋以来,广西刻石之风气经久不衰,至今留存了极为丰富的石刻文献,广西也因此成为中国石刻较为集中、特点鲜明的地区,素有"唐碑看西安,宋刻看桂林"的说法。广西石刻文献内容价值主要有珍稀性、系统性与普适性三个特点,石刻类型至少包括摩崖、碑碣、墓志、塔铭、买地券、画像题字、造像记、器物附刻等,石刻文体至少包括碑、墓志、颂、赞、铭、纪游、诗、词、文、赋等。晚清金石学家叶昌炽曾赞叹"唐宋士大夫度岭南来,题名赋诗,摩崖殆遍",其中最有代表性的石刻,如桂林龙隐岩的《元祐党籍碑》、柳州柳侯祠内的《荔子碑》,以及桂林王城独秀峰读书岩上的王正功《鹿鸣宴劝驾诗》等。

近些年来,广西壮族自治区党委宣传部启动广西优秀传统文化出版工程。委托广西师范大学出版社策划并组织专家撰写这套《石刻里的广西》丛书,是目前国内为数不多的广西石刻丛书。本套丛书选题特色鲜明,通过挖掘广西丰富的石刻文献资源,讲好石刻里的广西历史故事,积极推动广西地区中华优秀传统文化的创造性转化、创新性发展。

本套《石刻里的广西》丛书共有十卷,包括《石刻通论卷》《历史名人卷》《山水人文卷》《民族融合卷》《文化教育卷》《水陆交通卷》《经济商贸卷》《科学技术卷》《摩崖造像卷》《书法艺术卷》。每一卷选取一些具有代表性的广西石刻,采取雅俗共赏、图文并茂的方式,用通俗的语言介绍石刻基本情况、解读石刻内容,讲述石刻背后的历史人物故事,揭示石刻背后的政治经济关系、山水景观塑造与文化交流网络等。

同时,我们也希望通过这套《石刻里的广西》丛书,引导更多人关注与保护广西石刻,让广西这些珍贵的文化遗产得以永续传承,并实现转化利用。

是为序。

江田祥

前 言

◆

自从2010年3月26日在叠彩山开机拍摄20集电视系列片《桂林石刻》以来，我把工作之余的大部分闲暇时间，都投入到普及、宣传、推广桂林石刻文化的工作当中，迄今马上就要整整15年了。

这期间，我经常徜徉于桂林的各大山岩名胜，登山临水、攀岩越壑、扪崖剔藓、亲近石刻、阅读石刻，无论春夏秋冬，乐此不疲。这期间，我在中学、大学、大讲坛、图书馆、展览馆、读书会、文化沙龙等不同场合做过关于石刻文化的讲座，给来自广西区内外的一些研学团队、各级人文历史与石刻文化爱好者导读过桂林石刻。这期间，我还北上永州浯溪碑林，南下柳州马鞍山，看石刻，赏石刻；又走进博物馆、展览馆看石刻拓片展，参与桂海碑林博物馆的拓片活动；在纸上、网上卧游广西石刻、湖湘石刻、肇庆石刻、西湖石刻……又从石刻书籍中汲取营养，拓宽见闻。2016年，我参加了桂林市第一部实体法《桂林市石刻保护条例》的起草工作。2024年，我审校了300余份石刻拓片释文，制作播发了百余条石刻文化主题的短视频。15年来，我在报纸、杂志、学报、书刊上发表了百余篇关于石刻文化的普及文章、研究论文，开设过石刻文化专栏，也出版了几本有关石刻文化的小书，着重讲述石刻背后的历史史实与人文故事，挖掘石刻文化的价值。15年来，我从一名石刻文化的小白、门外汉，渐渐成长为一名石刻文化爱好者乃至研究者。

如今，摆在读者诸君面前的这本小书——《石刻里的广西·书法艺术卷》——专门谈石刻书法艺术。于我而言，写作这样主题的石刻书籍，是大姑娘坐轿——头一回。因此，我愿意利用撰写前言的机会，向读者诸君简要介绍写作这本小书的一些情况，谈谈我的一点想法。

1. 行文上，着重突出"通俗"二字，要使初中生也能看得懂、乐意看。我长年从事电视解说词的撰写，通俗易懂是我的写作本色。我用心写，也祈愿这本小书能达到这个目标要求。

2. 时间上，本书收录的石刻，上自唐代显庆四年（公元659年），下迄民国元年（公元1912年），跨度1253年。

3. 内容上，既有大事记，比如唐宋元明清历朝历代对桂林虞山舜庙的修缮纪事石刻，也有张三、李四、王五到此一游式的题名石刻。文字上既有平淡无奇的，也有文采飞扬、刻画传神的，比如书中收录的宋代詹仪之的诸多题记石刻。举个例子，刻于龙隐洞的詹仪之等三人题记石刻，其内容是："淳熙十三年冬十月己亥，桐庐詹仪之、开封王寅祖、姑苏孙绍远，职事之余来游龙隐岩。是日大风，重裘不暖，俯仰久之，毛骨为耸。"写得真好！尽管只有短短50字，读来却如见其人、如闻其声，三人游览龙隐岩的形象如在眼前。文字颇见情趣，颇为传神，充满了触手可及的历史质感，留住了古人在山水间悠游的生命情状。

4. 形式上,突破传统石刻书法书籍常见的以图为主、图强文弱的写法,强调图文并重,文字上更多呈现石刻书法背后的史实与人事,传播书法知识,讲好石刻故事。本书收文35篇,每篇2000～3000字。收录139张或石刻实景照片、或石刻拓片照片。每篇文章少的配一张照片,多的配14张照片,图文并茂,相得益彰。既可观摩石刻书法,又能拓展阅读视野,增加阅读乐趣,丰富知识。

5. 选择上,上自皇帝,比如《皇帝书法哪家强》收录了宋徽宗、宋高宗、宋理宗、元顺帝、康熙、乾隆的书法,柳州融水真仙岩里曾有宋太宗御笔亲书的"西江、颐堂、瑞云、精忠"八大字,可惜石刻今已不存,缘悭一面了。中有宰相,比如宋代"浪子宰相"李邦彦书"龙隐岩"三大字。下迄名家耆宿乃至升斗小民,既有书法家书,比如颜真卿、苏黄米蔡;又有文官书法、诗人书法,比如唐代元晦所题镌的摩崖石刻,宋代陆游诗札、范成大铭文,宋代爱国词人、绍兴二十四年(公元1154年)状元张孝祥撰写的朝阳亭记、朝阳亭诗,明代王阳明平思田纪功碑,清代查礼题"灵渠"二大字,也有"广西石刻第一人"方信孺的书法,有因为劖毁唐代《舜庙碑》而留下千古骂名的明代杨铨的书法。此外,还有武官书法、太监书法、僧人书法,等等。在人物选择上,我试图为读者诸君呈现出广西石刻书法人物的多样性。

6. 书体上,楷行篆隶草,诸体皆备,多有选择。我力图为读者诸君呈现出广西石刻书法艺术大观园的多彩面貌。

诚然，由于篇幅、体例、见识的限制，还有不少书法写得好的广西石刻作品没能收入，被遗漏了，比如宋代李师中的《宋颂》石刻、关杞的《白龙洞题记》石刻，明代靖江王及其宗室的石刻、印章与花押，清代李宜民刻《金刚经》石刻、阮元《隐山铭》石刻，等等。

写得一手好字，点横竖撇捺，表面上看是技能、技巧，从内里来说更是人文内涵、精神品格。我们常说功夫在诗外，同理，功夫在字外。

希望读者诸君手持这本小书，能欣欣然作纸上卧游，更希望读者诸君能以此卷为线索，按图索骥，深入广西，实地踏访，身临其境，神会古人，观摩欣赏镌刻于壮美广西山崖石壁上的这些铁画银钩之美，饱览感受这些古色斑斓、飘飘有凌云之气的石刻书法之美。像清代广西巡抚陈云龙游览桂林龙隐岩的感受一样："看山如观画，游山如读史。"像朱光潜在《谈美》一书中引用阿尔卑斯山谷汽车路旁标语牌上的文字一样："慢慢走，欣赏啊！"弱弱地说一声，也可以像我一样，15年来乐此不疲，徘徊瞻仰，兴致盎然。

2016年7月7日晚，我做过一个梦，梦见某处新发现了好多好多石刻。许多石刻体量不大，摩崖四周仿佛闪着光晕，但石刻上一个字也看不清楚。唯独有一件体量很大，石刻平躺在地上，字径很大，我伸手摸了摸，凿痕很深，是北宋政和五年（公元1115年）的一件石刻，真书。可惜在梦中我没有获悉石刻的内容。为什么这件石刻平躺在地上呢？原来被做成了地磅。一个荒唐的梦，竟然清晰记忆至今。

清代书法家杨宾《大瓢偶笔》云:"书佳者,草稿、药方、马券、门状皆可传,如其不然,虽佳纸精素,勒之钟鼎玉石,愈矜持愈见其丑,亦属何益。"其实广西石刻的价值是多方面的,仅就书法而言,其中"书佳者"颇多,我以为"皆可传",亦皆可赏。

最后,我最想说的,是希望能尽快攻克摩崖石刻的室外清晰展陈这一全国性的技术难题。除了观赏石刻拓片,更要让游人、书法爱好者、研究者能实地近距离地欣赏石刻、阅读石刻,看清楚石刻文字的一笔一画,在感受其书法飘飘有凌云之气的同时,也能达至爽歪歪的心开目明之境地。让这些千百年来一直展览在大美中国壮丽河山的山崖石壁上的摩崖石刻活起来。

是为序。

目 录

颜真卿书桂林"逍遥楼"碑之谜	1
广西初唐时期石刻书法经眼录	8
元晦时所题镌石刻书法一览	20
舜庙之碑：书体隶真篆 大笔纪德功	28
从《独秀山新开石室记》说开去	40
李渤游隐山北牖洞题名	47
李渤：丽如也！畅如也！	53
石刻题额之美	59
山水间，那些摩崖题名熠熠生辉	70
苏安世：因治欧阳修案名闻天下	85
李彦弼：追慕米芾书风 为文特尚新奇	91
"苏黄米蔡"在广西	99
皇帝书法哪家强？	106
"桂林山水甲天下"与"吾闽衣冠甲天下"	115
孙觌北归题名之后	123
"浪子宰相"和他的四世孙	131
张孝祥：须君为我请长缨	139

范成大：会有好事者，摩挲读苍苔	147
梁安世与徐梦莘：书法之美 同年之光	154
张栻：笔工劲利 清高闲雅	161
詹仪之：摩崖题记精彩，书法亦精彩	167
朱希颜三跋刻之美	178
张釜：心开目明，归思为之顿释	186
陈谠：商野幽人梦，周南太史书	193
陆游诗札：语精墨妙，隐隐有金石声	199
方信孺：翻新桂林西漕台厅事为世节堂	207
方信孺：广西石刻第一人	215
南渡南渡，胡不北归？	223
明代在桂太监书法举隅	230
杨铨：一个在舜庙碑上展览的人	239
明代在桂武官书法举隅	245
桂林寿字石刻书法举隅	253
灵渠水，从这里流过	260
书法，一个有意味的形式	267
书法，一个有意味的形式（续）	277

颜真卿书桂林"逍遥楼"碑之谜

颜真卿书桂林"逍遥楼"碑今位于桂林市解放桥西北角滨水生态广场二层平台、2016年新建成的逍遥楼的西北侧,碑高232厘米,宽123厘米。真书,"逍遥楼"三大字字径68厘米,署款字径9厘米。据悉,1966年"逍遥楼"碑面题字被砸毁,今存字迹是1972年文物部门依据旧拓片在原石上重刻的。

关于颜真卿书"逍遥楼"碑,早前流行的说法是:"颜真卿从未到过桂林,但他那博大精深、造诣超群的书法在当时已名高天下。……当时,蒲州(今山西永济)多处摹勒颜真卿书写的'逍遥楼'三个大字。此碑应是唐代时,由南下官员带到桂林的摹刻之作。"(刘玲双著《桂林石刻》)话虽如此,但也仅是一种推测而已。由于"逍遥楼"三大字与宋代李彦弼撰写的《湘南楼记》一文同碑,二者互为碑面、碑阴,故清嘉庆《临桂县志》编纂者就曾写下按语,说:"惟《湘南楼记》刻于'逍遥楼'碑之阴,然亦不辨颜碑刻于何时?"此"逍遥楼"三大字是否刻于唐代呢?迄今无考。另外,历史文献记载的颜真卿书桂林"逍遥楼"碑时间题款为什么会出现两种版本,这个问题也让人着迷。再深入

● 颜真卿书桂林逍遥楼碑拓片

一层，颜真卿书"逍遥楼"三大字究竟有多少个版本，桂林逍遥楼碑历史上曾移动过多少次，等等问题，犹如一团迷雾。大家如果想要了解颜真卿书"逍遥楼"碑的更多内容，可参看拙文《桂林逍遥楼碑猜想与考证》，详见拙著《桂林石刻探微》一书。

提到颜真卿书桂林"逍遥楼"碑的书法，谢启昆主修的《广西通志》（成书于嘉庆六年，公元1801年）卷二百十五"金石略"篇载：

逍遥楼刻石 逍遥楼（真书，径二尺）。大历丁巳颜真卿书（真书，径二寸）。

右碑在临桂东城上。《峤南琐记》云："字全无结构，有俗气，下笔正如胡饼，两走之转处法乱，乃掾手之下者，何以辱鲁公?"今观三字体势严劲，不得谓非颜笔，惟明以前无言及者。案：真卿曾题蒲州逍遥楼榜，或好事者钩勒置此耳。又：王士正《秦蜀后记》云："武连驿北山觉苑寺有颜鲁公逍遥楼大字碑。"盖勒石又不止此矣。

目前所见，明人魏濬是历史上评论桂林"逍遥楼"碑三大字书法的第一人，也是记录署款时间为"大历丁巳"的第一人，这与孙星衍、邢澍编撰的《寰宇访碑录》（成书于嘉庆七年，公元1802年）卷四记载的"'逍遥楼'三大字，颜真卿正书，大历五年正月"不同，我们今天看到的桂林"逍遥楼"碑的"大历五年正月一日"与孙星衍、邢澍所记载的又稍有不同。

关于桂林"逍遥楼"碑的书法，成书于康熙四十四年（公元1705年）的《粤西丛载》卷十六"逍遥楼三字"条目完全袭用了魏濬《峤南琐记》的内容，说："'逍遥楼'三字，后有大历丁巳颜真卿书。字全无结构，有俗气，下笔正如糊饼，两走之转处法乱，乃掾手之下者，何以辱鲁公？"嘉庆《广西通志》的撰文者通过亲自考察后则认为："今观三字体势严劲，不得谓非颜笔。"这是对魏濬评论桂林"逍遥楼"碑三大字书法的说法予以否认，但并没有对署款时间"大历丁巳"提出异议，反而特别注明了包括"大历丁巳"在内的署款的字径尺寸。从这一细节来看，嘉庆《广西通志》的撰写人员应该是亲自到立碑处丈量了字的大小尺寸，"大历丁巳"四字应该是现场按碑实录，否则就应该有文献作依据，不然是不可能出现这种低级错误的。

众所周知，蒲州逍遥楼有唐玄宗开元十一年（公元723年）《登蒲州逍遥楼》诗，颜真卿在乾元年间（公元758—760年）为玄宗诗碑写了碑额，但颜真卿题写逍遥楼碑额，只见文献记载，未见碑文实录，不知书于何年何月何日，亦不知是否有年月款。另外，关于四川剑州武连驿北山觉苑寺颜真卿书逍遥楼榜石刻，刻印于民国十七年（公元1928年）的清吴庆坻《蕉廊脞录》卷六"梓潼逍遥楼三字碑"记载：

梓潼县武连驿觉苑寺，有颜鲁公书"逍遥楼"三字碑，款识二行。前一行，"□□十年十月六日宿武连县尉郭凡"十五字，以下剥落不可辨；后一行，"大历五年正月一日颜真卿书"。按

《山西金石记》，蒲州府逍遥楼有颜鲁公大字石刻，又广西临桂亦有摹刻，每字径二尺七八寸，后署"大历五年正月一日颜真卿书"，则此碑亦后人所摹刻耳。

又，民国二十一年（公元1932年），李昔吾跋其高祖李文藻编纂的《粤西金石刻记》"唐逍遥楼扁"云："考题榜时日，剑州与临桂均为'大历五年正月一日'。"很明显，不管剑州武连驿的逍遥楼碑是否从蒲州复制而成，与谢启昆《广西通志》记载的"大历丁巳"都存在很大区别。至于清光绪九年（公元1883年）刊行的金武祥《粟香二笔》卷四载："逍遥楼在桂林府东城上，下枕漓水，面挹尧山。大历丁巳，颜真卿题曰逍遥楼。"这则记录也说是"大历丁巳"，其依据或许就源自谢启昆《广西通志》。

但是，与谢启昆《广西通志》仅仅相隔一年，《寰宇访碑录》却将时间款录为"大历五年正月"，而我们今天能看到的桂林"逍遥楼"碑，它的时间款就是"大历五年正月一日"，与《寰宇访碑录》基本相符，为什么会出现这种情况呢？

桂林文博专家谭发胜老师说，细看桂林"逍遥楼"碑的碑面刻字，"五年正月一日"字样明显比"大历"和"颜真卿书"要略大一些，从书风看，也较后者少一些灵动，说明"五年正月一日"并非原刻，而是后人添加上去的。论时间，谢启昆《广西通志》与《寰宇访碑录》成书仅相差一年，其采录逍遥楼碑几乎可以说是同时的，为什么碑面明明已经刻着"大历五年正月一日"，谢启昆《广西通志》还将其录为"大历丁巳"呢？其根据是什么？

另外，将"大历丁巳"改刻成"大历五年正月一日"，是什么人、在什么时候改的？改的目的何在？这些问题都成了桂林"逍遥楼"碑的不解之谜。

至于书法鉴赏，有时候见仁见智。民国裘昶在短文《逍遥楼碑辨》中引述谢启昆《广西通志》"今观三字体势严劲，不得谓非颜笔"的评价后，更是阐明自己的观点，表达对桂林"逍遥楼"碑三大字的喜爱之情："予尝谓魏晋以来，作书者多以秀劲欹侧取势，独真卿不使巧，不求媚，不趋简便，不避重复。规纯矩削，守其拙，为其难，如家庙、元静等碑，皆其晚岁极矜练之作。此碑笔法似八观（关）斋、东方画赞二碑，整实神明，恣态清远，订为鲁公真迹。殊为可宝。"当然，不同观点也是有的。今人朱关田在《初果集：朱关田论书文集》之"四一、'逍遥楼'三字"条云：

著录首见王昶《金石萃编》卷九五，有款"大历五年正月一日颜真卿书"，又记："石高九尺六寸，广四尺。正书，径二尺七八寸。在广西临桂。"大历五年，颜真卿在抚州任上，不见有广西之行。逍遥楼在山西临漳县，唐太宗、唐玄宗并幸于此，有诗志述之。颜真卿蒲州任上，曾书王玙《请御书逍遥楼诗碑额表》。肃宗亦有《刻逍遥楼诗答诏》并立在乾元元年。若颜真卿果有题"逍遥楼"颜，当在同时。是三大字，书法板滞，不类颜真卿平常风貌，且格局及题款不合有唐习俗，盖出后人仿书而重摹者。

我不清楚朱关田为何说"逍遥楼"三字著录首见王昶《金石萃编》。按,《金石萃编》成书于嘉庆十年（公元1805年）,而在此之前成书的汪森《粤西丛载》,谢启昆《广西通志》,孙星衍、邢澍《寰宇访碑录》,以及明代魏濬《峤南琐记》都对此"逍遥楼"三字有著录。

综合研判,我个人的观点是,颜真卿书桂林"逍遥楼"碑极有可能是后人集颜真卿字所为,是"组装"的,也不排除是后人的临摹、伪托之作。无论如何,该"逍遥楼"三大字,其颜体风格的宽博端庄面貌还是明显的。桂海碑林博物馆编撰《桂林石刻书法选集（唐宋卷）》评说得更为细致,认为"'逍遥楼'榜书,笔画丰润饱满,端庄雄伟,法度严谨,气势开张,骨力遒劲,仪态雍容,是颜真卿楷书当中字体最大的一件书法作品"。

广西初唐时期石刻书法经眼录

今天，我们提起广西初唐时期石刻的书法面貌，首先就不得不提刻于唐显庆四年（公元659年）的《善兴寺舍利函记》。该舍利函原置于桂林市象山区文昌桥南岸开元寺舍利塔内。函高20.6厘米，宽30.7厘米。中空，以藏舍利子。外四面，一面刻舍利函记，真书，字径1.7厘米；另三面刻佛像。清嘉庆五年（公元1800年）胡虔于寺中访得该舍利函。后该函屡被人攫去。今已遗失无存。广西壮族自治区博物馆藏有其函记拓本，其内容如下：

维大唐显庆二年岁次丁巳十一月乙酉朔十三日丁酉，于桂州城南善兴寺开发建立此妙塔七级，耸高十丈。至显庆四年岁次己未四月丁未朔八日甲寅，葬佛舍利二十粒。东去大江三十余步。舍利镇寺，普共法界，一切含识，永充供养。故立铭记。

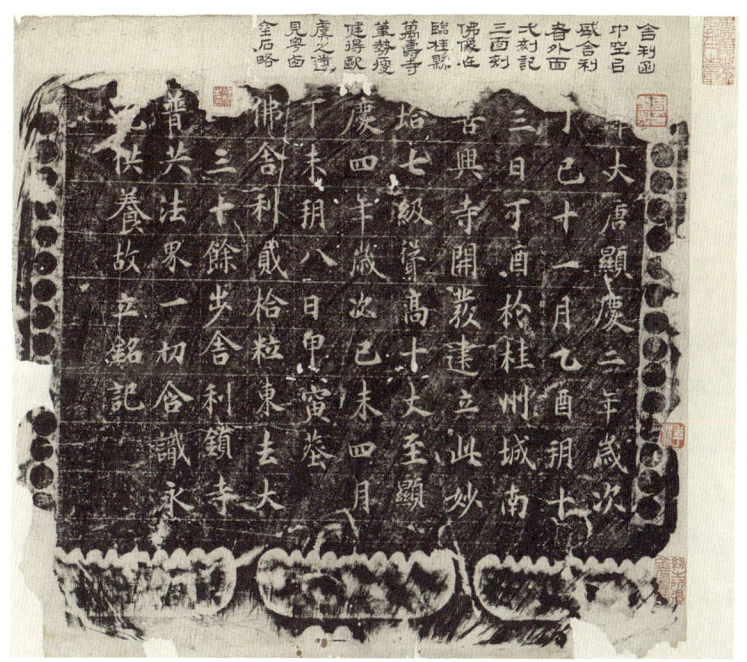

● 《善兴寺舍利函记》拓片

函记主要记录了在桂州城南善兴寺建造七级妙塔以及于四月八日浴佛节埋葬舍利子一事。无撰文与书法作者署名。清代以来，该函记备受称誉。谢启昆《粤西金石略》称其书法"笔势瘦健，得欧（阳询）、虞（世南）法"，徐树钧《宝鸭斋题跋》对其则有"广西金石，以此为第一古刻"之誉。

2013年，桂林文博爱好者在桂林市南郊的金山脚下岭脚底村发现了一龛广西仅见的摩崖石胎泥面彩绘造像,在造像下方正中的石壁上刻有一件石刻,内容为七言八句的颂佛礼赞偈语:"如来具足大神通,所得大悲无能胜。以佛功德严十方,我今敬礼无与等。无寻智慧无有边,善解众生三世事。一心能知无量心,是故稽首礼无上。"石刻高26厘米,宽18厘米。真书,字径2厘米。字迹尚清晰可见。再下层的石壁上也刻有一件石刻,有纪年,为唐咸亨三年(公元672年),这件石刻是桂林市乃至整个广西,迄今可见有明确纪年的,我们仍然还可以真真切切看到石刻实物的、年代最早的一件摩崖石刻。根据石刻上仍可辨识的"大唐咸亨三年岁次壬申谨录同施此田入幽泉寺永为常住供养人"字样,兹将该石刻命名为《幽泉寺施田题名碑》。该石刻高54厘米,宽148厘米。真书,字径2.5厘米。碑文主要记录了幽泉寺一众僧人以及一众官员的姓名。石刻剥蚀严重,从残存文字来看,它与上方的颂佛礼赞偈语书法风格相同。与《善兴寺舍利函记》相比,此二刻在笔势上显得俊朗圆润,多了一分婉雅秀逸之姿;在结体上,舍利函记文字多取纵势,显得瘦健,此二刻文字则显得稳健舒展,其中《幽泉寺施田题名碑》在布局上更为疏朗,给人一种舒心爽目的感觉。窃以为《幽泉寺施田题名碑》与颂佛礼赞偈语石刻,其书法完全可以称得上是唐代小楷的优秀作品。

下面,我们再把眼光投到桂林市区的西山公园。

在桂林市西山公园里西山西峰东面龙头石林的一处瘰龛上

广西初唐时期石刻书法经眼录　11

● 幽泉寺颂佛礼赞偈语石刻

● 《幽泉寺施田题名碑》拓片

方，镌刻有一件唐高宗上元三年（公元676年）的摩崖石刻《米兰多靳瘗龛记》。该摩崖石刻内容是：

上元三年五月十九日，杜火罗国人米兰多靳命薄葬此山。

该石刻高34厘米，宽43厘米。真书，字径5厘米。石刻剥蚀严重，个别文字殊难识别。自1940年以来，曾有多个录文版本。现在的版本是桂林文博专家谭发胜老师辨识出来的，已收入《桂林石刻碑文集》一书。全面、准确识别出这一摩崖石刻的文字内容非常重要，它和桂林市西山公园内的另一件摩崖石刻《安野郍石室记》一起，成为整个西山诸峰30余处石龛之功用的一个佐证，即证明这些石龛是瘗龛，而非传闻中的灯龛。《安野郍石室记》内容是："景龙　景龙三年八月廿四日，迁客安野郍之石室，故记。"石刻高24厘米，宽18厘米。真书，字径2.5厘米。景龙三年即公元709年。民国年间，罗香林撰《唐代桂林西域人摩崖题刻与景教之关系》一文，就是从桂林西山的这两则摩崖石刻入手，论证该两则摩崖石刻"命义与唐代西域有关，或与景教史迹，不无牵涉"。

今天，我们从书法角度来看这两件石刻，有如下两点可供讨论：其一，书法风格不同。米兰多靳石刻笔画厚重饱满，"元""火""人""米"等字笔势开张，充满动感；安野郍石刻"书法笔势朴拙，仍可见北魏风格，兼有隶书笔意和行书笔法"（桂海碑林博物馆编撰《桂林石刻书法选集（唐宋卷）》）。其二，书写

● 《米兰多靳瘗龛记》拓片

排列不同。米兰多靳石刻是直行右排列，安野郁石刻是直行左排列。如今，在一般人的印象中，总以为古人的书写排列就是直行左排列，其实不然。就我从石刻上所见，至少在唐宋时期，直行右排列的书写并不鲜见，是普遍存在的。只是进入明清以后，直行右排列的书写才几乎完全退出了人们的视野，以至于想要找一件直行右排列的明清石刻作品，一时半会还找不着，好不容易看

● 《安野郁石室记》拓片

到一件，是清代钱泳的题名石刻："嘉庆二年二月四日，金匮钱泳携琴来游，小憩，烹茶而去。"只是该石刻不在广西桂林，而是在浙江杭州西湖的山上。至于桂林明清石刻的直行右排列作品，谭发胜老师曾给我微信留言说"桂林有明代张法禧的墓志是直行右排列的"。也就是说，在已知的508件明代桂林石刻中（桂海碑林博物馆编撰《桂林石刻碑文集》中册收录，含南明10件），直行右排列的就只有这一件。

在桂林西山，有一龛唐代造像非常有名，它就是镌刻于唐高宗调露元年（公元679年）的李寔造像，镌刻的是一龛释迦牟尼成道像，有主尊释迦牟尼、左右胁侍菩萨。在造像的右下角，镌刻有一件摩崖石刻《李寔造像记》，其文曰：

大唐调露元年十二月八日，随太师太保申明公孙昭州司马李寔造像一铺。

该石刻高22厘米，宽27厘米。真书，字径2厘米。无书法作者姓名，造像人李寔是隋代太师太保、申明公李穆之孙。该石刻"书法古质朴茂，是唐代石刻中较少见到的仍然保留有北魏风格的书法作品"（桂海碑林博物馆编撰《桂林石刻书法选集（唐宋卷）》）。不过，有一点我们必须指出来，如果我们今天只是依据实地勘察来了解该石刻的书法风格，多半会有点失望，因为其魏碑的风格特色已经有些模糊、不鲜明了。据《桂林石刻碑文集》记载，该石刻"因碑文笔画单细，雕刻较浅，于一九八五年被无

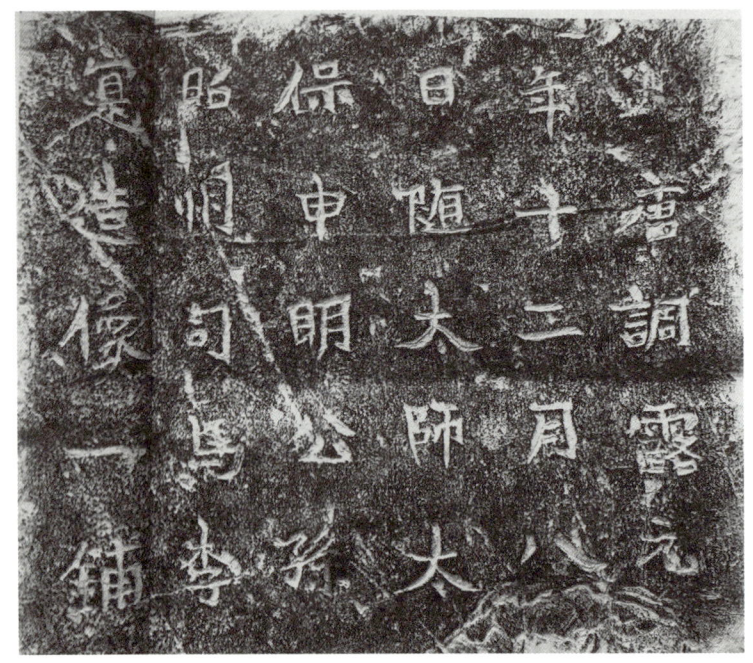

● 西山《李寔造像记》拓片

知信徒请匠人加深,重刻后,字迹已面目全非"。这其中的差别,我们从不同时期拓制的拓片中,可以清楚看出来。早期拓片中,"太保""李寔"等字的魏碑风格非常明显,后期拓片中,这些鲜明特征有的消失殆尽,有的笔画都模糊不清了。

提到广西初唐时期石刻的书法面貌,还有两件石刻也值得一提。那就是《澄州无虞县六合坚固大宅颂》与《智城洞碑》。前者位于上林县麒麟山,刻于唐永淳元年(公元682年);后者位于

广西初唐时期石刻书法经眼录　17

● 《澄州无虞县六合坚固大宅颂》拓片

● 局部

● 《智城洞碑》拓片

● 局部

上林县智城山智城洞，刻于唐万岁通天二年（公元697年）。广西壮族自治区博物馆藏有其石刻拓片。前者拓片长90厘米，宽70厘米，真书，字径1.2厘米至5厘米；后者拓片长156厘米，宽80厘米，真书，字径1.2厘米。均为直行左排列书写。2020年1月14日，"八桂古刻 书史遗珍"——广西少数民族地区文字石刻拓片巡展在桂林博物馆开展，其中就展出了这两件石刻拓片。我前往观展，并拍摄了所有展出的石刻拓片。字径小，加上石刻剥蚀、拓制因素等，致使观看这两件石刻拓片的体验并不是很好。《澄州无虞县六合坚固大宅颂》石刻"内容叙述韦氏家族变迁渊源、大宅修建事宜及其意义。大概是石质原因，至今碑刻风化较严重，字迹较模糊，文中似有部分古壮字的写法，具有较高的文献和艺术价值"。《智城洞碑》石刻"全文1108字。内容为描述本土风物人情，赞美智城山之自然风光。作者韦敬一为本地少数民族居民，文学功底深厚，骈文精炼工稳，文辞优美，全篇气韵生动，情意浓浓。书写者不确，其谙熟流行文字，间用当时武则天所创新字写法达六字之多，书法上承魏晋遗风，面貌独特，勾挑源于碑法，转折似借虞世南，波磔蕴含隶意，点画瘦硬挺拔，润雅畅达，结体方正大方，宽博舒朗，全碑法度谨严，洋洋洒洒，风格谨丽流畅。书文俱佳，堪称珠联璧合之佳作，摩崖至今保存完好，堪称广西石刻之瑰宝"（以上对两碑鉴赏之引文均见敖朝军编著《八桂古刻 书史遗珍——广西少数民族地区文字石刻拓片巡展图文集》一书）。

元晦时所题镌石刻书法一览

元晦，怀州河内（今河南沁阳）人，是唐代著名诗人元稹的侄子。唐会昌二年（公元842年）十二月以御史中丞出为桂管观察使，次年春天抵达桂林。在桂期间，元晦大力营建叠彩山，又发掘宝积山华景洞，在洞口修建岩光亭，并撰写《岩光亭十韵》摹刻于崖壁，继叠彩山之后，打造出了桂林的又一处游观胜地。

下面，我们就前往桂林市叠彩山，去看《叠彩山记》与《四望山记》两件石刻。明代桂林人张鸣凤认为《叠彩山记》《四望山记》，还有一件今已不存的《干越山记》，都是元晦在大力营建叠彩山期间撰写的。"唐元常侍晦各有小记镂于其山，多所发明。"（《桂胜》）唐代莫休符在《桂林风土记》一书中对元晦营建叠彩山一事有详细记载，说："会昌初，前使元常侍名晦，搜达金貂，翱翔翰林，扬历台省，性好岩沼，时恣盘游。建大八角亭写其真，院砌台、钓榭、石室莲池，流杯亭、花药院，时为绝景。于时，潞寇初平，四郊无垒。公私宴聚，较胜争先，美节良辰，寻芳选胜，管弦车马，阗隘路隅。"元晦在叠彩山修建了八角亭、写真院、歌台钓榭、石室莲池，其中又以流杯亭和花药院为一时绝景。元晦还在叠彩山风洞北边构筑齐云亭，在四望山构筑销忧亭，在干越山创构虚楹钓榭。元晦以极大的热情开发了叠彩山,如今,遍布石刻的叠彩山风洞已然成了一个清凉世界、文物走廊。

《叠彩山记》石刻位于叠彩山风洞南口,高38厘米,宽43厘米。隶书,字径3厘米。文章记载了叠彩山名的由来,以及叠彩山的开发经过。其内容是:

> 按《图经》:山以石文横布,彩翠相间,若叠彩然,故以为名。东亘二里许,枕压桂水。其西岩有石门,中有石像,故曰福庭。又门阴构齐云亭,迥在西北,旷视天表,想望归途,北人此游,多轸乡思。会昌三年六月葳功。南自曲沼,上极山椒,四年七月功既。

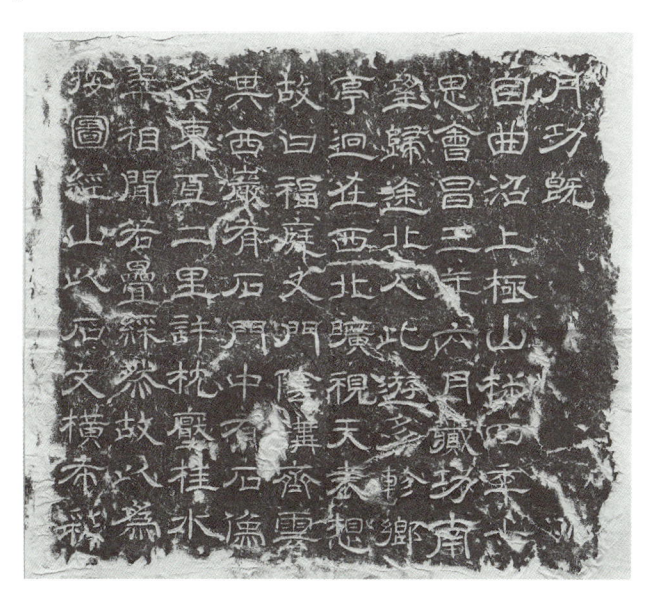

● 《叠彩山记》拓片

《四望山记》石刻位于叠彩山支峰四望山东端,高35厘米,宽41厘米。隶书,字径3厘米。其内容是:

山名四望,故亭为销忧。亭之前后,绵络山腹,皆溪梁危磴。由西而北,复东上叠彩右崖,至福庭石门约三十余步。

这两件石刻的书法均延续了东汉《石门颂》的风格,点画圆润有力,线条粗细均匀,结体舒展纵逸,章法茂密,行列匀称。从书写用字的角度说,石刻中的两个彩字——彩、綵——值得注

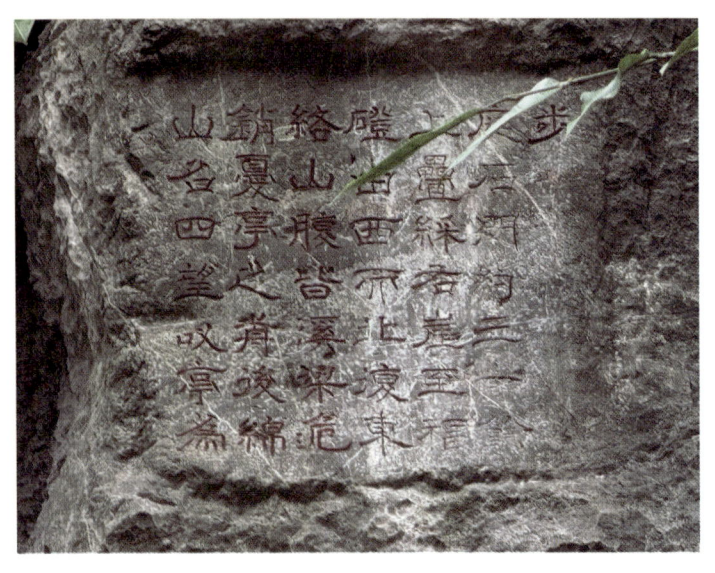

● 《四望山记》石刻

意，綵并非"彩"的繁体字，了解二者之间的不同含义，可以使我们更准确理解叠彩山名的真实含义。

当然，在讨论《叠彩山记》，甚至《四望山记》的书法时，有一个背景我们需要了解。那就是此二者，特别是《叠彩山记》，极有可能在清乾隆年间被时任广西巡抚李世杰命人重刻过，书法原貌或许受到了某些改变。据刻于叠彩山风洞的李世杰撰《重新风洞遗刻记》一文记载，当年李世杰游览叠彩山风洞时，"幽兴未阑，为之摩挲石刻，大半风霜剥蚀，漫漶不可识。余欲厘而新之，商之方伯朱君椿、观察周君廷俊、王君懿德、张君光宪，佥亟口称善。余乃言于众曰：'修废举坠，地方之责也。'……先之以洗刷，补之以镌镂……按其遗刻而校订之，以落其成。于是古迹焕然一新，永垂不朽，其庶几不虚此游也"。

另外，张鸣凤在《桂胜》一书中说，刻于叠彩山的"叠彩山""干越山""栖真洞""洞北门""四望山"等篆字，"不著书者姓名，然皆元晦时所题镌"，认为都是唐代作品。"干越山""栖真洞"今已不存，"叠彩山""四望山""洞北门"仍可观摩。其中"洞北门"位于今称的于越山北面山腰，了解、知道的人相对较少。清代时，康有为搜岩至此，将其洞命名为"素洞"，又在洞口镌刻了一件摩崖石刻以记搜岩乐事。康有为石刻书法我们留在本书之末再来欣赏。这里单讲这几个三篆字，其中"叠彩山"字径35厘米，"四望山"字径23厘米，"洞北门"字径30厘米。三者布局上皆纵向排列，书写一丝不苟，笔画饱满厚重，线条圆润劲健，风格古朴雄强，是广西唐代石刻书法中的篆书精品。

● "叠彩山"三篆字石刻

● "四望山"三篆字石刻

● "洞北门"三篆字石刻

关于元晦的石刻书法，在兴安乳洞我们可以看到一则题记，是元晦离别桂林，赴任浙东，途经兴安乳洞时镌刻的。石刻内容是："检校左散骑常侍、越州刺史元晦，会昌五年八月廿日自此州移镇会稽，辄辍暮程，遂权探赏。"真书，直行右排列。兴安乳洞上、中、下三洞中，迄今已发现八件唐代摩崖石刻，这是其中之一。

以上我们从颜真卿书桂林"逍遥楼"碑切入，经眼、鉴赏了一些广西唐代石刻书法精品，时间上主要以初唐时期的为主，书体大多数是真书，也就是现在习称的楷书。广西唐代石刻作品当然不止这些，比如刻于会昌五年（公元845年）的桂林华景洞真书体的李珏、元充等六人同游题名，比如刻于大中六年（公元852年）的桂林伏波山还珠洞真书体的宋伯康造像记、隶书体的"一切法中，能成于忍"等四言偈语，以及刻于咸通四年（公元863年）的还珠洞真书体的赵格、刘虚白别郑处士题名。再比如桂林西山还有六件造像记，没有年号，桂林市文物管理委员会编撰的《桂林石刻》三卷本内部资料说："以上五件（笔者注：不包括曹大娘造像记）为西山之造像记，据新旧唐书及地方志等资料，因知桂林西山地区佛教兴起于初唐，毁佛于晚唐会昌初，在此前后，该地区未有摩崖造像。因此，诸造像记定为唐代所刻。"民国年间在桂林从教于广西省立特种师资训练所的陈志良则从书法角度看出了"六朝气息"，他认为梁令义造像记"以字体的笔划而论，则有初唐欧褚风度，然在转侧处大露锋棱，即有六朝造像之气息"，又评论秦（尹）三归造像记："此刻字体，六朝气息格外浓厚，结构用笔，完全是龙门造像作风。"可惜位于西山龙头石林的梁令义造像记、尹三归造像记如今都已剥蚀严重，难以深入探讨其书法面貌了。另有一些重要的唐代石刻作品，我会在接下来的文章里论及。

有时候我们静下心来想一想，山崖石壁上的这些唐代摩崖石刻，历经上千年的风雨侵蚀、自然风化，还有包括战争在内的人为破坏，还能留存下来，让我们能仔细咂摸其上的铁画银钩，感受古人书写、镌刻时的全神贯注、一丝不苟，一件件作品墨色淋漓、气韵生动之感，仿佛扑面而来，这真是我们莫大的福分。我们要善待它们。

舜庙之碑：书体隶真篆 大笔纪德功

有文献可考的最早的桂林石刻是东晋颍川人虞阐出补零陵太守时，撰写并刻石的《虞舜像赞并序》，可惜石刻今已不存。桂林虞山脚下最早又是何时建有舜庙的呢？详情不知。但就石刻而言，从唐代开始，桂林虞山脚下的舜庙就得到历朝历代官府的修缮、重修，并留下了精彩纷呈的、迄今可见的纪事石刻。本文将讲述与此相关的五件石刻：唐韩云卿撰《舜庙碑并序》、宋朱熹撰《有宋静江府新作虞帝庙碑》、元刘杰撰《帝舜庙碑》、明姚世儒撰《重修虞山庙记》，以及清沈秉成撰《重修虞帝庙碑》，并讨论这五件石刻的书法风貌。

下面，我们先从几方面对上述五件石刻做一番数据考察，所得内容详见下表：

朝代	文章作者及石刻名称	书体 额	书体 正文	字径（cm）额	字径（cm）正文	书体作者 额	书体作者 正文	尺寸（cm）高×宽	字数
唐	韩云卿撰舜庙碑并序	篆书	隶书	22	7	李阳冰	韩秀实	401×200	578
宋	朱熹撰有宋静江府新作虞帝庙碑	篆书	隶书	21	6	方士繇	吕胜己	380×190	730

续表

朝代	文章作者及石刻名称	书体 额	书体 正文	字径(cm) 额	字径(cm) 正文	书体作者 额	书体作者 正文	尺寸(cm) 高×宽	字数
元	刘杰撰帝舜庙碑	篆书	隶书	17	7	刘杰	刘杰	387×205	663
明	姚世儒撰重修虞山庙记	篆书	真书	12	2	伍重	陈坡	221×97	903
清	沈秉成撰重修虞帝庙碑	篆书	篆书	12	3.5	向万鏷	向万鏷	212×139	783

接下来我们将主要从书法角度对上述五件石刻逐一解读、讨论。

先来看韩云卿撰《舜庙碑并序》(以下简称《舜庙碑》)。

该摩崖石刻镌刻于大唐建中元年(公元780年),记录的是李唐宗室、时任桂州都督兼御史中丞的李昌巙在桂林虞山重建舜庙,倡导教化,祀事报功事宜。该石刻在迄今已知的1865件桂林石刻(主要指摩崖石刻,不含摩崖造像)中非常重要,地位很高。《八桂古刻书史遗珍》一书说:"此碑为桂林现存最早的营缮纪事石刻,碑额小篆典雅通透,碑文隶书工稳精致,名不虚传,实为广西石刻中的精品。"《桂林石刻书法选集(唐宋卷)》一书说:"石刻的文辞和书法,均出自一代国手。……被清代学者誉为'粤西石刻,以此为最佳'。"

石刻撰文之人韩云卿,唐河南河阳人,是韩愈的叔父。工文章。代宗大历中,文辞独行中朝,时人想要"铭述其先人功行、取信来世者,咸归韩氏",多请韩云卿撰文。石刻书丹之人韩秀

● 韩云卿撰《舜庙碑并序》拓片

实，是唐代著名隶书大家韩择木的长子，工书法，《书史会要》称"韩秀实为翰林，善楷、隶、八分"。石刻篆额之人李阳冰，唐赵郡人，是李白的族叔。精工小篆，圆淳瘦劲，被誉为李斯之后小篆第一人。由于韩云卿的文章、韩秀实的书法、李阳冰的篆额都是个中佼佼者，所以该《舜庙碑》又被称为"三绝碑"。

不过，尽管许多人都知道《舜庙碑》是桂林石刻乃至广西石刻中的精品，但是许多人不知道的是，桂林虞山现存的《舜庙碑》其实是明代重刻的。它是明代桂林知府姚世儒于嘉靖十二年（公元1533年）命工深刻的。个中详情，可参看拙文《桂林虞山〈舜庙碑〉明代重刻考略》。由于经过重刻，对原有笔画线条，包括结体，势必就会造成一定影响。关于这一点，我们只要认真比较同样是韩云卿撰文、韩秀实书丹、李阳冰篆额的另一件摩崖石刻《平蛮颂》，就会对此有深刻感受。《平蛮颂》位于桂林铁封山，刻于唐大历十二年（公元777年），与《舜庙碑》仅仅相隔3年时间。但目前看二者书法存在明显不同，最大不同在于对点画出锋收笔的处理，《平蛮颂》大多圆润内敛，《舜庙碑》大多尖细张扬，甚至可以用锋芒毕露来形容。《平蛮颂》线条圆淳流畅，《舜庙碑》似有迟滞犹豫之态。在结体上，《平蛮颂》大方自然，《舜庙碑》似乎拘谨忸怩。总体感觉《舜庙碑》没有《平蛮颂》来得熟练自如。由于《平蛮颂》碑面剥蚀严重，深入比对有难度，我们可以比较篆额的"舜庙碑"与"平蛮颂"三字，无论是线条，还是结体，书法风格都有差异。这是我们在讨论《舜庙碑》书法时，必须要特别关注的。

● 韩云卿撰《平蛮颂并序》拓片

再来看朱熹撰《有宋静江府新作虞帝庙碑》。

该摩崖石刻镌刻于宋淳熙三年（公元1176年），亦是桂林石刻乃至广西石刻中的精品。石刻撰文之人朱熹，宋徽州婺源人，是集北宋以来理学之大成者。书丹之人吕胜己，宋建州建阳人，从张栻、朱熹讲学。工隶书，得汉法。篆额之人方士繇，宋兴化军莆田人，从朱熹游，六经皆通，尤长于《易》。由此可见，此四人实为志同道合的好朋友。吕胜己这件隶书作字方正，波挑厚实有质朴苍劲的古意，从中可以看出南宋隶书崇尚汉隶书风的取向。论者认为"此碑既是友谊的见证，亦是追求信仰、理想的结晶"。书法上笔法方圆并施，体态拙朴，古拙之中寓有洒脱之意。其中"碑额小篆，婉转流美，碑文隶书方折饱满，得汉隶古意，亦有《好大王》之余韵"（敖朝军编著《八桂古刻 书史遗珍——广西少数民族地区文字石刻拓片巡展图文集》）。石刻主要记录了张栻任职桂林时修缮虞帝庙事宜。当年张栻修缮虞帝庙后，于淳熙三年秋开辟了韶音洞，于淳熙四年（公元1177年）秋新作了南薰亭，"于是祠之前后，皆有览观之美，来拜祠下者，已事而退，又得以从容而游息焉"。张栻认为"是则帝之泽流洽于人心，固将与天命并行而不可泯，夫何有今古之间哉？后人裴回于斯地，遐想箫韶之音，咏歌南风之诗，鼓舞而忘归也"（《韶音洞记》）。

● 朱熹撰《有宋静江府新作虞帝庙碑》拓片

第三看刘杰撰《帝舜庙碑》。

该摩崖石刻镌刻于元至正二十三年（公元1363年），记录的是也儿吉尼主政广西时修葺舜庙事宜。石刻撰文、书写与篆额都出自同一人，即元金溪人刘杰。至正二十一年（公元1361年），刘杰以承德郎除岭南广西道肃政廉访司佥事，是也儿吉尼的僚属。这件石刻书法在广西石刻书法中有其鲜明特点，最主要的就是兼具隶书与楷书特征，隶书最常见的蚕头燕尾特征在这里并不明显，字的笔画看起来整体上有一种内收之感，多内擫之势。线条粗细变化不大，点画以方折为主，行列整齐，章法严谨。如今碑上有部分文字已缺失，是抗日战争期间碑面有部分被焚脱落造成的。

第四看姚世儒撰《重修虞山庙记》。

这一件碑刻，是立碑，非摩崖，镌刻于明嘉靖十三年（公元1534年）。碑原来安置在虞山庙，虞山庙在抗日战争期间被毁。之后此碑供家居者洗衣之用，致使碑文末数行被磨平，一些字迹严重受损。该碑现安置在桂海碑林博物馆进大门左边的墙壁上。负责书丹的陈坡是怀安人，桂林府通判；负责篆额的伍重是新化人，也是桂林府通判。额书的铁线篆，字体呈竖形，线条纤细笔直，一丝不苟，布局上三列两行，每列两字，对称严谨。正文的真书，风格上主要以颜真卿书法的宽博端庄特征为主，但点画粗细变化不大，同时也融入了柳公权书法的瘦硬劲挺特征，布局上行列齐整，疏朗有致。

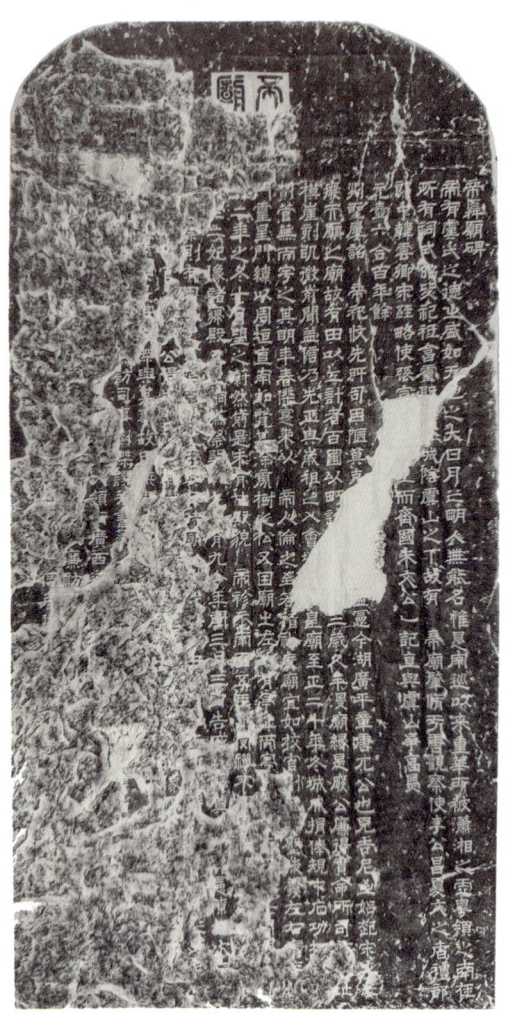

● 刘杰撰《帝舜庙碑》拓片

舜庙之碑：书体隶真篆 大笔纪德功

● 姚世儒撰《重修虞山庙记》拓片

第五看沈秉成撰《重修虞帝庙碑》。

该摩崖石刻镌刻于清光绪十五年（公元1889年），记录的是时任广西巡抚沈秉成重修虞帝庙事宜。石刻书写、题额者向万镠，清善化人，时为广西补用知府。题额与正文皆为篆书，落款为隶书。篆书笔法方圆并用，线条匀称，又有跌宕之感与轻重变化，结字工稳，形体修长，论者以为"体态间略显吴昌硕临石鼓之韵味"（秦文文等《读石观史——桂林书法石刻网络展》）。

● 沈秉成撰《重修虞帝庙碑记》拓片

以上我们从书法的角度讨论了五件与虞山舜庙修缮相关的石刻精品，下面我们再从石刻上来探讨唐代李昌巙名字中"巙"字的写法。

李昌巙名字历代文献有三种写法：李昌巙、李昌夔、李昌巎。就石刻而言，唐代《舜庙碑》上刻有其名，偏偏"昌"字后的文字被明代人杨铨铲了。宋代朱熹文中没有提及，元代刘杰写作"李昌夔"，明代彭琉写作"李昌巙"，清代沈秉成写作"李昌猱"，而"巙"与"猱"同。原本以为这就是一笔糊涂账了，所幸镌刻于铁封山《平蛮颂》石刻上也刻有其名。2021年5月1日，我再次实地踏勘铁封山，终于弄清楚其"巙"字右半部分的起笔三画原来是一个草字头，就是两个并列的"十"字。明代彭琉在石刻《彭琉等人谒虞庙倡和诗并序》中就是写作草字头，就是两个并列的"十"字。有趣的是，彭琉的这件石刻绝大部分内容都残毁了，偏偏"李昌巙"三字还留存着，真是天意啊！另，胡三省《通鉴释文辨误》："史炤《释文》曰：'巙，渠龟切（海陵本同）。'余按，巙，奴刀翻。史炤卤莽，以其字旁从夒，遂自为音切也。"按照胡三省的观点，即便是写作"巙"，读音也是"nao"。当然，现在"巙"只读作"kui"了。

噫！当我们谈论石刻书法时，我们不能仅仅只谈论字写得怎么样。

从《独秀山新开石室记》说开去

唐大历八年（公元773年），皇族陇西县男李昌巙迁桂管观察使。十一年（公元776年），领桂州都督兼御史中丞，领桂林、象郡之地。李昌巙在桂州的功绩主要有三：一是平定西原州（治所在今广西大新县）少数民族首领潘长安之乱，上柱国韩云卿撰《平蛮颂》记其事，镌刻于镇南峰（即今铁封山）；二是在独秀峰前建宣尼庙，始创学宫，并整修山下南朝宋始安太守颜延之读书岩，使之成为一处可供游观的名胜，监察御史里行郑叔齐作《独秀山新开石室记》记述其事并磨崖于独秀峰东麓；三是在城北虞山重建舜庙，倡导教化，祀事报功，上柱国韩云卿撰《舜庙碑》记其事，镌刻于虞山。

本文主要解读郑叔齐撰《独秀山新开石室记》石刻，并由此叙说相关的一些书法问题。

该石刻位于独秀峰读书岩外，高57厘米，宽90厘米。字径2.5厘米。石刻划有横竖线格，可见一丝不苟的书写态度，也使得全篇章法行列整齐。刻工镌刻题目时，曾漏刻一"室"字，如今从碑面上我们可以看出"室"字下面隐约可见一"记"字，这

● 郑叔齐撰《独秀山新开石室记》拓片

种叠刻更改现象我在颜真卿书写的碑刻中亦曾见过。该石刻书法书体，有说是真书，有说是行楷，说行楷更确切些，主要是以真书为主，一些字又带有行书写法。书法循初唐书风，后人评其"笔法圆劲，在薛（稷）、虞（世南）之间"。通篇书势秀美，结体规整严谨、平正多姿，论者以为有东晋王羲之、王献之书风遗意。

文章描写了独秀峰的"独秀"品质。"不籍不倚，不骞不崩，临百雉而特立，扶重霄而直上。"郑叔齐描写独秀峰这一拔地而起、孤峰耸立、直上云霄的特点，开启了张固《独秀山》诗的语境："孤峰不与众山俦，直入青云势未休。会得乾坤融结意，擎天一柱在南州。"

文章还记录了李昌巙在独秀峰下建宣尼庙、创办学宫一事。谢启昆《粤西金石略》说："昌巙官此土，至是七年矣。废缺备举，桂之学实创于此。"也就是说，李昌巙任职桂州期间，创办了桂林的第一所府学，这也是广西的第一所官办学校。

文章更是详细记录了李昌巙在独秀峰下新开石室一事。这里的石室，后人一般认为就是始安郡太守颜延之常于其中"读书为文以自娱"的读书岩，它是桂林文教的发轫地。

在文章结尾，郑叔齐抒发了一笔厚重的议论："岂非天赋其质，智详其用乎？何暑往寒袭，前人之略也？譬由士君子，韬迹独居，懿文游艺，不遇知己发明，则蓬蒿向晦，毕命沦悟，盐车无所申其骏，和氏不得成其宝矣。篆刻非宠，庶贻后贤。"一句话，再美的景致，没有遇到李昌巙，那都是废的。"何暑往寒袭，前人之略也？"这样美的景致，为什么前人都忽略了呢？可见它原本就是要等待李昌巙来发现的。这一层意思郑叔齐既用了比喻，又用了典故，拐着弯来讴歌、赞颂李昌巙开掘独秀山石室之功。

从书法角度来看，该石刻中引述颜延之诗句"未若独秀者，峨峨郛邑间"之"独"字、"邑"字的写法，之前没人关注，桂林颜氏后人将诗句放大摹刻于颜延之像旁石柱上时，引发了关注。大家仔细看，这里的"邑"字少了一竖，"独"字少了最后一点。写错了吗？其实没错。早在汉魏六朝时，人们书写它们时就可以少写一竖、少写一点，这是汉字由篆书、隶书向楷书演变过程中留下的痕迹。唐代郑叔齐这样写，也是延续前人写法而已。清代梁章钜在独秀峰镌刻"峨峨郭邑间"五大字，其中"邑"字就没有少写那一竖。另外，石刻上我们经常能看到古人写"石"字时，会在起笔一横与口字之间多写一点，比较有名的就是位于广东肇庆七星岩的明代的"泽梁无禁，岩石毋伐"真书题榜，桂林石刻上也多见此种"石"字写法。从书法角度看都可以理解、接受，这是中国文化源流发展的一部分。

由颜延之这两句诗中"独"字、"邑"字的写法，我想到在桂林石刻上发现的另一个例子，即"叔"字的写法。某一天我忽然发现隐山北牖洞的宋代吕愿忠题诗石刻上写的"叔"字竟然多了一竖，即：止＋小＋又。当时我很纳闷，又想起隐山北牖洞石刻在清代乾隆年间曾被重新镌刻过，就以为是不是当年重刻时，多刻了一竖？于是比较吕愿忠留在桂林的石刻，看他的"叔"字的不同写法，发现最难理解的就是多一竖的这个写法了。"叔"字可以多写一竖吗？2019年11月，桂海碑林博物馆在雉山拓碑，新发现了一件吕愿忠雉山题诗石刻。我仔细一看，其中的"叔"字写法竟然和隐山北牖洞的一模一样，都是多一竖的。如此看来，并不是清代重刻北牖洞石刻时多刻了一竖，而是"叔"字在吕愿忠那里本来就有两种写法。目前，"叔"字的写法，我在宋代桂林石刻中只看到吕愿忠如此写：多加一短竖。我后来查看"叔"字的文字源流，发现在汉代有两种写法与此比较接近，一个是《篆隶表》197页中"叔"的写法，一个是《汉印徵》卷3第16页中"叔"的写法，将其楷化后就与隐山北牖洞吕愿忠石刻上"叔"字写法相同了。看来多一竖的"叔"字写法是崇古的结果，是宋人追慕汉魏的一个体现。也是天意造化，后来的某一天，我在一件南明永历年间的摩崖石刻上看到的"寂"字，其下面的"叔"字也是多一竖的写法。2022年10月6日，我在一件元

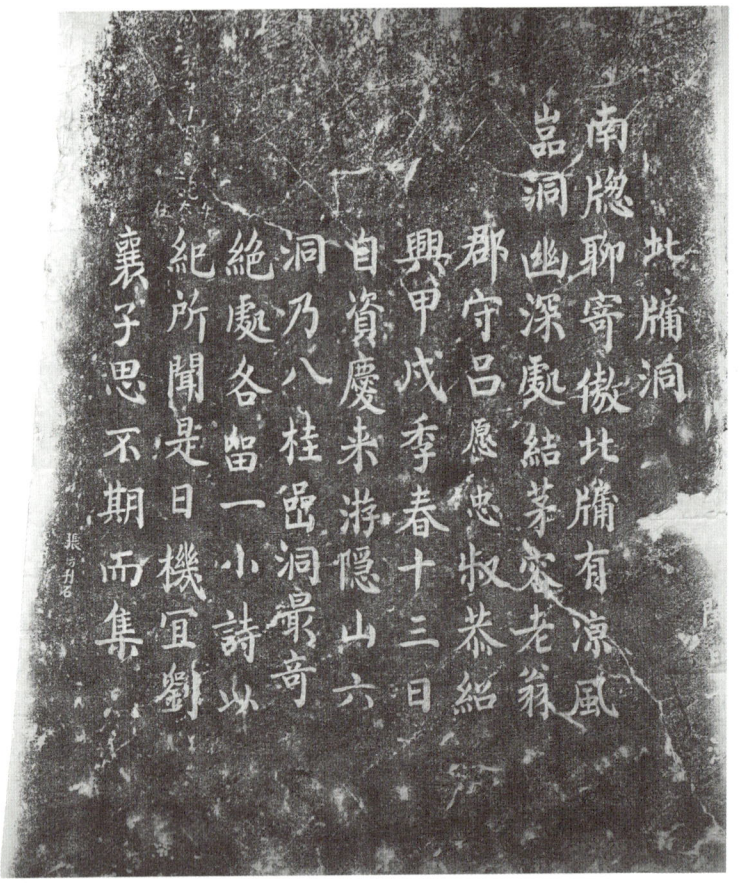

● 吕愿忠隐山北牖洞题诗并记拓片

代摩崖石刻上看到有人名"李叔清""李叔珍",其中的"叔"字竟然也都是多一竖的。再后来我又在一件杭州西湖青林洞宋代石刻上、桂林临桂两江的一明代、一元代两件捐资碑刻上,以及刻于南溪山刘仙岩的元代石刻《赵鼎新等九人览游刘仙岩题记》上,均看到了人名用字中多写一竖的"叔"字。如此,至少在宋、元、明三朝,我都看到了多写一竖的"叔"字了。

吕愿忠字叔恭的"叔"字,以及"未若独秀者,峨峨郭邑间"的"邑"字,它们在石刻上的写法让我们眼前一亮,展示了书法的多样性与丰富性。又比如,《元祐党籍》碑题额"元祐党籍"四字,隶书,其中"籍"字在石刻上其实是写作草字头的。这是为什么呢?原来在隶书字体中,有的字其竹字头往往可以写作草字头,有时候甚至在真书、行书字体中,有的字其竹字头也可以写作草字头,比如著名的"天下第一关"匾额,其"第"字就是写作草字头的。在《元祐党籍》碑中,"内臣"第一个名字"梁惟简"的"简"字蔡京将其写作草字头,但在"内臣"倒数第三个名字"郑居简"的"简"字,蔡京又将其写作竹字头。这种情况有时候会让人"胆战心惊",比如"管"字,如果把竹字头写作草字头,在今天看来那就成了"菅"字,完全是另一个字了。在南溪山有一件南宋淳熙二年(公元1175年)的石刻《经略司准付穿云岩见素庵执照》,真书,石刻有云:"判府经略司张左司使帖付唐守真住庵永远掌管山林,修葺仙岩,并约束不顾公法之人侵盗斫伐,如违根治。"其中"掌管"的"管"字,在石刻上就写作草字头的"菅"字。从上下文分析,我们知道这应该是"掌管"

而不是"掌营"。古人这样写，莫非是受了书法中有的竹字头可以写作草字头的影响？还是说古人写了错别字？

反过来，我们看到的实际情况又告诉我们，在隶书字体，甚至真书字体中，有的字其草字头也可以写作竹字头，草字头与竹字头可以互换。以今天的眼光来看，这真让人有点无所适从了。比如刻于独秀峰读书岩上的吕愿忠的题诗石刻，隶书，其中首联云："洞口微云恣卷舒，石岩相对一篷庐。"从我们今天的知识来判断，这里的"篷庐"之"篷"字应当是"蓬"字，所谓"蓬庐"，即古代所称的旅舍。但石刻上明显写的是竹字头的"篷"，而非草字头的"蓬"。我们可以说这是吕愿忠写了错别字吗？又比如刻于南溪山玄岩口的唐代李渤《南溪诗序》石刻，隶书，其中有诗句云："箫条风烟外，爽朗形神寂。"这里的"箫条"一词，显然就是我们今天写的"萧条"，你能说这是李渤写了错别字吗？又抑或是我们以今律古造成的尴尬呢？好在我们从刻于桂林辰山的宋代胡槻和李大异诗中，又曾有另外的发现，该和诗最后两句云："蛰岩侧畔蓬庐子，即是巢由住个中。"字体行书，其中"蓬庐"之"蓬"字，在石刻上就是写作草字头的，没有竹字头"篷"的什么事。

综上，我们也算是切切实实地感受了一番中国文字在中国书法中变化的真历史了。

李渤游隐山北牖洞题名

唐宝历元年（公元825年）正月，李渤辞别帝乡白云，一路风尘，于二月来到桂林，出任桂州刺史兼御史中丞，充桂管都防御观察使。这一年，李渤53岁。

53岁的李渤是被贬来桂林的。原因是李渤为鄠县县令崔发被宦官殴打一事仗义执言，章疏论列，得罪了宦官势力，触怒了唐敬宗李湛。不过，峭直进谏，不避权幸，是李渤的为官本色，谪往桂林之前，李渤已有三次因言被黜的经历。被黜江州刺史时，二哥李涉前去看望他，对他的峭直品行给予了高度评价："我有爱弟都九江，一条直气今无双。青光好去莫惆怅，必斩长鲸须少壮。"《旧唐书》评价李渤"孤贞力行，操尚不苟合，而阘茸之流，非其沽激。至于以言摈退，终不息言，以救时病，服名节者重之。"也就是说，李渤品行高尚，不随便附和他人，势利之徒谓其矫情求誉；正人君子却认为他"以直言被斥，终不息言，以救时弊"，因而敬重他。

李渤在赴桂林途中曾写有《叹鸟》诗："三朝四黜倦邅征，往复皆愁万里程。尔解分飞却回去，我方从此向南行。"在桂林期间，李渤主持修浚灵渠，"备知宿弊，重为疏引。仍增旧迹，以利行舟"。又奏设常平义仓，以调节粮价，备荒抚恤。政务之余，李渤"乃以泉石为娱，搜奇访异"，并因此开发建设了隐山和南溪山。后来，李渤受了风寒，病了，风恙求代，以病罢归洛阳。离开桂林后，李渤再也没有回过桂林。唐大和五年（公元831年），李渤以太子宾客征至京师，月余卒，终年五十九岁。

李渤在桂管二年，与桂林结下了不解之缘。离别之际，他想起自己贬谪桂林、寄情山水的往事，遂赋诗二首，寄托自己对桂林难以割舍的眷念之情。其一为："如云不厌苍梧远，似雁逢春又北归。惟有隐山溪上月，年年相望两依依。"其二为："常叹春泉去不回，我今此去更难来。欲知别后留情处，手植岩花次第开。"唐代莫休符在《桂林风土记》一书中把这两首诗均署诗题为《题隐山诗》。在流传过程中，后人又将这两首诗分别取名为《留别隐山》与《留别南溪》，以体现李渤对桂林的思念之情。诗歌用字上稍有出入。到了宋绍兴二十年（公元1150年）六月，桂林人张仲宇将《留别南溪》诗镌刻在南溪山白龙洞石壁上，并留存至今。

今天，当我面对隐山和南溪山上的摩崖石刻，遥想千年，不由感怀李渤对桂林山水的开拓之功。今天，当我们回望历史，毫无疑问，我们可以怀着自豪、崇敬与感恩的心情说，因为李渤的到来，桂林历史与山水文化的发展掀开了崭新一页。

接下来，我们要谈论与李渤有关的摩崖石刻书法。

首先要说的就是《李渤、吴武陵等十九人游隐山北牖洞题名》。石刻位于桂林隐山北牖洞。我曾不只一次站在这件石刻前，屏气凝神，逐字喣摸辨识。这件石刻的岩面没有打磨处理，未开碑面，是吴武陵"奉命操笔，倚岩叙题"镌刻而成的。其内容是：

宝历元年，给事陇西公以直出廉察于此。人既和，年既丰，乃以泉石为娱，搜奇访异，独得兹山。山有四洞，斯为最。水石清拔，幽然有真趣，可以游目，可以永日。愚以为天作以遗公也，不然，何前人之尽遗耶？明日，与诸生游，因纪名氏，武陵奉命操笔，倚岩叙题之。桂州刺史兼御史中丞李渤，嗣郢王佑，遗名居士韦方外，都防御判官、侍御史、内供奉吴武陵，观察判官、试大理评事韦磻，盐铁巡官、前庐州慎县主簿路赓，馆驿巡官、前潭州湘乡县主簿李临，都防御衙推韩方明，前观察衙推段从周，处士萧同规，乡贡进士吴汝为、卢温夫、吴稼文，僧西美、匡雅、大德、昙雅，六月十七日书。观察推官、试太常寺协律郎韦弘方，邕管经略判官、试太子正学崔表仁二人续至。

石刻录文自清代以来的文献每每均有出入，详情可参拙文《桂林隐山李渤等题名录文考订记》。石刻分为三段，从开篇至"都防御衙推韩方明"为第一段，高122厘米，宽165厘米；从"前观察衙推段从周"至"六月十七日书"为第二段，高95厘米，宽55厘米；最后部分为第三段，高122厘米，宽50厘米。真书，字径7厘米。通观全篇文字，结体宽博稳健，线条流畅匀称，可以让人感受到吴武陵"倚岩叙题"运笔时的潇洒。

● 《李渤、吴武陵等十九人游隐山北牖洞题名》拓片第一段

　　这篇游记题名表明，李渤第一次游隐山是宝历元年六月十六日，当时仅发现了四个洞，"山有四洞，斯为最"。这四个洞应该就是山脚四周的北牖洞、朝阳洞、南华洞和夕阳洞。这篇游记题名还表明，六月十七日，李渤和吴武陵等十七人来到隐山探奇寻幽，吴武陵"奉命操笔，倚岩叙题之"，把一行人的名字写在了北牖洞内，刚写好，韦弘方、崔表仁接踵而至，吴武陵又把二人

的名字续写在了石壁上。后来，李渤又再三再四地来隐山探幽。当时在隐山西面不远处就是一处寺院，寺院终日梵音缭绕，钟磬迭起，禅乐悠扬。在武则天当朝时，寺院的香火更是盛极一时，前来敬香礼佛的香客云集西山。唐代莫休符在《桂林风土记》中说，这里"峰峦牙张，云木交映，为一府胜游之所"。我想，李渤当年在隐山"搜奇访异"时，一定听到了寺院里传出的钟磬声，看见了寺院上空缭绕升腾的烟雾，可是李渤不为之心动，他已完全沉浸在探幽隐山所带来的惊喜之中，并有了一番感悟。李渤对吴武陵等人说："兹山之始，与天地并，而无能知者。揭于人寰，沦夫翳荟，又将与天地终。岂不以其内妍而外朴耶？君子所以进夫心，达也，吾又舍去，是竟不得知于人矣。"李渤说干就干，与大家一道"伐棘导泉"，并把这座石秀水清的小山取名为"隐山"，把泉称为"蒙泉"，把溪称为"蒙溪"，把潭称为"金龟"，又命名了隐山六洞和"云户""白蝙蝠"两处石室，还把白雀洞内一处石渠称为"蛟渠"。这一年的七月，李渤又从个人俸酬和官家拨款中节省出一笔经费，在隐山顶上修建了庆云亭，在北牖洞北面溪潭之间的空地上也建了一个亭子，在亭子左右两边更是建起水阁风廊、厨户便房，在周边又种植了竹子树木。经过李渤的一番发掘开拓，隐山最终成为桂州邦人士女丝竹竞艺、宴适歌舞的一处游观胜地。时至今日，不少桂林市民都还喜欢呼朋唤友，到隐山北牖洞旁吹拉弹唱。歌声遏云，舞影临水，欣欣然一派人与自然山水和谐共处的欢乐场景。

每每看到这样的场景，就让人情不自禁地感叹：这里的山水是李渤最先发掘开拓的。李渤和他的僚属们也曾在这里把翰行觞、看舞听歌呢！李渤当年开发隐山时究竟是怀着怎样的一种心情呢？当年他在隐山"伐棘导泉"的时候，他会想起自己为官十余年来在官场的升迁沉浮吗？他会想到请他出山为官的韩愈吗？

李渤：丽如也！畅如也！

与李渤有关的摩崖石刻书法，更为重要的是镌刻于南溪山玄岩洞口左上方的《李渤撰南溪诗序》和《李涉撰南溪玄岩铭并序》。我先把这两件作品内容胪陈于下：

南溪诗序　成纪县李渤　桂水过漓山，右汇阳江，又里余，得南溪口。溪左屏列崖巘，斗丽争高，其孕翠曳烟，逦迤如画。右连幽墅，园田鸡犬，疑非人间。溯流数百步，至玄岩。岩下有泠壤沮洳，因导为新泉。山有二洞九室，西南曰"白龙洞"，横透巽维，蜕骨如玉。西北曰"玄岩洞"，曲通坎堀，晴眺漓水。玄岩之上曰"丹室"，白龙之右曰"夕室"。巽维北，梯崄至仙窟。仙窟北，又有六室。参差呀谺，延景宿云，其洞室并乳溜凝化，诡势奇状。仰而察之，如伞如拳，如栾栌支撑，如莲蔓藻井。左睨右瞰，似帘似帏，似松偃竹裛，似海荡云惊。其玉池玄井，岚窗飔户，回还交错，迷不可纪。从夕室梁溪，向郭四里而近，去松衢二百步而遥。余获之，自贺若获荆璆与蛇珠焉，亦疑夫大舜游此而忘归矣。遂命发潜敞深，蹬危宅胜。既翼之以亭榭，又

● 李渤撰《南溪诗序》、李涉撰《南溪玄岩铭并序》拓片

韵之以松竹。似谳方丈，如升瑶台。丽如也！畅如也！以溪在郡南，因目为南溪，兼赋诗十韵以志之。宝历二年三月七日叙。

诗　玄岩丽南溪，新泉发幽色。岩泉孕灵秀，云烟纷崖壁。斜峰信天插，奇洞固神䃣。窈窕去未穷，环回势难极。玉池似无水，玄井昏不测。仙户掩复开，乳膏凝更滴。丹砂有遗址，石径无留迹。南眺苍梧云，北望洞庭客。萧条风烟外，爽朗形神寂。若值浮丘翁，从此谢尘役。

南溪玄岩铭并序　青溪子李涉　桂为郡也，岩其先之，有井室人民百千祀矣。居是邦者，匪哲则豪，何四三里之内而岩不载于前籍？为岩将屈于古而合伸于今哉？为人未知其岩，岩俟人以时哉？青溪子昧而未详也。予之仲曰渤，受天雅性，生不杂玩。少常读《高士传》《列仙经》，游衡霍幽遐之境，巢嵩庐水石之奥。凡落所觐，必皆碧磨天璞，剪凿遗病，意适而制，非主于名。宝历初，自给事中出藩于桂。一之年治乡野之病，二之载搜郭郭之遗，得隐山、玄岩。冥契素尚，余因谪去炎海，途由桂林，玄岩之胜，再遂其赏。勒铭洞石，表远迹于他年。铭曰：桂之有山，潜灵亿年。拔地腾霄，戟列刀攒。岩之有洞，窈窕郁盘。虎挂龙悬，形状万端。旁驰杳冥，仰沓巉岏。玉落磬坠，幽声昼寒。巴陵地道，小有洞天。文籍之闻，吾何有焉。酒一卮兮琴一曲，嵯岩之下，可以穷年。

这两件作品共处一个碑面，高235厘米，宽190厘米。隶书，字径5.5厘米。无书写者姓名。《桂林石刻书法选集（唐宋卷）》称其"书法用笔舒展,无明显波磔,结体疏朗,略显长方形,表现了一种与中唐以后'唐八分'稍显不同的隶书风格";《八桂古刻书史遗珍》赞其"隶书工稳,线条细挺,深得汉隶遗韵,是广西隶书石刻中的精品";《读石观史——桂林书法石刻网络展》则说:"该作品延续了汉代隶书之风,线条细瘦、遒劲、挺拔,且具有摇曳之态。"关于石刻书者,日本学者户崎哲彦分析"当为韩方明所书"(详见户崎哲彦著《唐代岭南文学与石刻考》),也就是前引《李渤、吴武陵等十九人游隐山北牖洞题名》中的"都防御衙推韩方明"。韩方明,唐代著名书法家,擅长八分书。户崎哲彦说:"南溪山李渤、李涉石刻不仅具有高度历史价值,且为著名书法家韩方明之作,有高度艺术价值,可谓桂林之宝。进而言之,如此巨大而完整的唐代名人诗文(均属山水文学)摩崖石刻在全国现存者亦不多,则不仅仅是桂林之宝,更是中国之宝,希望有关部门能完好保存。"我完全赞同户崎对这两件石刻的高度评价,也乐见这两件石刻被完好保存。至于石刻的书写者究竟是不是韩方明,尚有待进一步研究。从书法角度看,李渤《南溪诗序》里"如栾栌支撑"的"撑"字,其"掌"字写作"棠"字,让人眼前一亮,这样的写法在汉简以及《敦煌俗字典》里可寻见痕迹。

经典石刻作品人人喜欢,酷好溪山、嗜好金石者尤其喜欢。且看清代杨翰在《粤西得碑记》中记载发现李渤、李涉石刻的经过:

余流连久之,迤里下岩,仍访南溪刻字。野老云:"是不能得。前者，某中丞曾以白金二挺付材官，令搜讨之，穷一月力无所见，今岂能复有耶？"余怏怏，又返至南溪元岩。窃疑数百言刻石，岂竟无残字存者？乃持《金石志》裹回岩下，仰睇岩左绝壁上径路所不通处，有削平大石，断崖崩裂，阴苔护之。乃命與人陆石手足并行而上，剔之，有字迹。审视其笔画最少者，对志读之，得"琴一曲可以穷年"七字，狂喜曰："此元岩铭也！"即架木汲水洗濯，竟得全文，《南溪诗序》亦在焉。数百字无一字损失，山水膏肓、金石痼疾者，求则得之，真足壮我游怀也。

杨翰搜讨石刻经过之心情于我心有戚戚焉！再看作品内容。李渤在《南溪诗序》中描写了南溪山的美景，记载了开发南溪山的经过以及自己的喜悦心情。"丽如也！畅如也！"眼前的景致美啊！我的心情爽啊！李渤情不自禁地欢呼起来："若值浮丘翁，从此谢尘役。"如果让我在这里遇到浮丘仙翁，那我李渤就归隐山林，不问尘事了。也就在这一年，李渤的二哥李涉被谪往康州（今广东德庆县）。途经桂林时，李渤邀请哥哥共赏刚刚开发出来的南溪山美景。兄弟二人在南溪山流连徜徉，抚琴举觞，又得浮生半日闲。李涉在《南溪玄岩铭并序》中对弟弟发现南溪山玄岩的美质大为感叹："居是邦者，匪哲则豪，何四三里之内而岩不载于前籍？为岩将屈于古而合伸于今哉？为人未知其岩，岩俟人以时哉？青溪子昧而未详也。"看来，"冥契素尚"，或许就是命运的安排，南溪山的独特美质就是要等待李渤来发现与欣赏的。

感谢李渤！感谢李渤开发了南溪山。当然，还有隐山。张鸣凤在《桂胜》中用充满感情的笔致向李渤致敬:"山胜以人,人胜以名,风操文雅高世如公,是谓不朽。南溪、隐山何其幸哉?长有公也!"

唐大和元年(公元827年)正月,就在李渤风恚求代,即将告别桂林、罢归洛阳之际,弟弟李淑来了。前年九月,兄弟俩在桂林话别,依依不舍,今朝又得相聚桂林,李渤十分高兴,欣然写下《喜弟淑再至为长歌》。在这首诗中,李渤对自己一生的经历进行了回顾与反省。对自己出山为官一事,颇有些后悔。踏上仕途后的李渤因为耿直的个性,处处不解时事,屡屡忤旨,因言获罪,以致最终流落广海。在桂林,李渤开发隐山、开发南溪山,寄情山水,与泉石为娱。然而,桂林的青山秀水并不足以完全排遣李渤内心的苦闷,因此时常还发生"高楼醉宿"之事。从诗中可以感觉到,离别桂林前的李渤分明有些感伤了。在诗的末尾,李渤与弟弟约定:"若到湖南见紫霄,会须待我同攀陟。"

哦,一直以来,我只知道李渤对桂林山水的开发开拓,功莫大焉;李渤留别隐山、留别南溪的依恋与不舍,情莫深焉。今天,我终于知道,原来离别桂林前的李渤竟然还有着这样一份浓烈的感伤之情与失落之意。

石刻题额之美

为什么想起要写一篇题额之美的文章呢?最初我是看到刻于雉山的黄照《雉亭诗》的篆书题额,真是惊艳到我了:笔画线条舒展细长,就像振翅欲飞的雉鸟,于是想着要写一篇文章,转念一想,何不干脆将唐宋元桂林石刻中的题额石刻搜集整理一番,让大家一起来欣赏题额书法的美?于是就有了下表。

● 黄照《雉亭诗》题额拓片

桂林石刻唐宋元题额一览表

序号	朝代	石刻题目	石刻地点	题额内容	题额书体	题额作者
1	唐	韩云卿撰平蛮颂	铁封山	平蛮颂	篆书	李阳冰
2	唐	韩云卿撰舜庙碑	虞山	舜庙碑	篆书	李阳冰
3	北宋	孔延之撰瘗宜贼首级记	铁封山	瘗宜贼首级记	篆书	不详
4	北宋	大宋平蛮碑	铁封山	大宋平蛮碑	篆书	不详
5	北宋	狄青撰平蛮三将题名	龙隐洞口	平蛮三将题名	篆书	僧宝珍
6	北宋	宋咸等七人游华景洞题名	宝积山	游华景洞题名	篆书	僧宝珍
7	北宋	李师中撰宋颂	龙隐洞	宋颂	真书	不详
8	北宋	黄照雉亭诗	雉山	雉亭诗	篆书	僧宝珍
9	北宋	张田题龙隐岩诗	龙隐洞	龙隐岩诗	篆书	不详
10	北宋	欧阳閞撰唐少卿遇仙记	南溪山刘仙岩	唐少卿遇仙记	真书	不详
11	北宋	李彦弼撰湘南楼记	今逍遥楼	湘南楼记	篆书	程邻
12	北宋	崇宁奖谕程节敕书	龙隐岩	崇宁癸未奖谕敕书	真书，已毁	不详
13	北宋	李彦弼撰大宋建筑隆兑州记	屏风山屏风岩	大宋建筑隆兑州记	篆书，已毁	程果
14	南宋	张平叔真人歌	南溪山刘仙岩	张真人歌	隶书	黄拱辰
15	南宋	邢鲁跋刻佘先生论金液还丹歌诀	南溪山刘仙岩	佘先生论金液还丹歌诀	真书	觉真道人
16	南宋	赵夔桂林二十四岩洞歌	南溪山穿云岩	桂林二十四岩洞歌	真书	不详
17	南宋	张仲宇撰桂林盛事记	中隐山	桂林盛事	隶书	不详
18	南宋	张孝祥撰桂林刘真人赞并跋	南溪山刘仙岩	桂林刘真人	真书	不详

续表

序号	朝代	石刻题目	石刻地点	题额内容	题额书体	题额作者
19	南宋	范成大劝葬文	白石岩南潜洞	经略范公劝谕	隶书，已毁	不详
20	南宋	范成大撰碧虚铭并序	七星岩口	碧虚铭	隶书	不详
21	南宋	朱熹撰有宋静江府新作虞帝庙碑	虞山	有宋静江府新作虞帝庙碑	篆书	方士繇
22	南宋	朱希颜跋刻龙图梅公瘴说	月牙山龙隐岩口	龙图梅公瘴说	隶书	不详
23	南宋	饶祖尧跋刻元祐党籍碑	龙隐岩	元祐党籍	隶书	不详
24	南宋	王正功宴享计偕者劝驾诗	独秀峰	权府经略提刑大中丞公宴贺之诗	篆书	不详
25	南宋	唐文杰等跋刻李訦平亭诗	月牙山黄金岩	经略殿撰侍郎李公翰墨	隶书	不详
26	南宋	吴猎撰广西转运判官方公祠堂记	月牙山龙隐岩口	有宋绍熙广西转运判官方公祠堂之记	篆书	不详
27	南宋	张茂良撰赵公德政之颂	象山水月洞	广西经略显谟赵公德政之颂	真书	不详
28	南宋	秦祥发撰赵郎中德政碑	七星岩口	广西经略安抚焕章赵郎中德政碑	隶书	方盛
29	南宋	游似撰曾公神道碑	龙隐岩	有宋特赠正奉大夫直龙图阁谥忠节曾公神道碑	篆书，已毁	不详
30	南宋	陈弥寿撰新建犒赏库记	龙隐岩	不详	不详，已毁	赵□□
31	南宋	理宗敕朱广用奖谕并朱广用谢表	宝积山	开庆己未奖谕敕书	隶书，阳刻	不详

续表

序号	朝代	石刻题目	石刻地点	题额内容	题额书体	题额作者
32	南宋	章时发撰静江府修筑城池记	鹦鹉山	静江府修筑城池记	篆书	不详
33	元	杨璧撰全真观记	普陀山普陀岩	全真观记	真书	不详
34	元	释奠牲币器服图记三则	原在桂林中学	释奠牲币器服图	隶书，已毁	不详
35	元	杜与可撰静江路修学造乐记	原在桂林中学	静江路修学造乐记	篆书，已毁	陈谦亨
36	元	旷金撰释奠位序仪式图	桂林中学	释奠位序仪式图	隶书	不详
37	元	周德震撰隐真岩建阁施舍题名碑	月牙山隐真岩	隐真岩建阁施舍题名	真书	不详
38	元	马宗成撰碧霞洞庆真阁记	叠彩山碧霞洞	碧霞洞庆真阁之记碑	真书	不详
39	元	文宗圣旨碑	桂林中学	圣旨	隶书	不详
40	元	李震孙撰广西道平蛮记	独秀峰	广西道平蛮记	篆书	田忽都不花
41	元	杨子春撰静江路新城碑阴记	原在东城上逍遥楼中	碑阴记	篆书，已毁	不详
42	元	刘杰撰帝舜庄碑	虞山	帝舜庄碑	篆书	刘杰

据粗略统计，桂林石刻唐宋元题额作品共有42件，今存34件。其中篆书题额19件，隶书题额12件，真书题额10件，1件题额书体不详。从上表可知，唐代2件题额作品都是篆书题额。北宋11件题额作品中，8件是篆书，3件是真书；南宋19件题额作品中，5件是篆书，9件是隶书，4件是真书，1件书体不详。元代10件题额作品中，4件是篆书，3件是隶书，3件是真书。可见唐代和北宋的题额书体主要以篆书为主。南宋时期，隶书题

额、真书题额多了起来，特别是隶书题额，大大超过了篆书题额。另外，凡是石刻上没有明确写明由谁篆额、题额、题盖的，在题额作者一栏中我一律标注为"不详"，上述42件题额作品中，有27件题额作者不详。

本文拈出其中10件题额作品稍作解读，有的在本书其他一些文章里其实也有涉及。另外，又从《八桂古刻 书史遗珍》中挑出3件桂林以外的石刻题额，以拓宽见闻。

韩云卿撰文的《平蛮颂》和《舜庙碑》，均由李阳冰篆额。李阳冰时任京兆府户曹参军，擅篆书，尤精小篆，人称"有唐三百年，以篆称者，惟阳冰独步"，甚至被誉为李斯后小篆第一人。颜真卿所书之碑多请他篆额。李阳冰的著名书作有《三坟记》《怡亭铭并序》《城隍庙碑》《易谦卦》《滑台新驿记》等。仔细比较《平蛮颂》的篆额与《舜庙碑》的篆额，感觉前者更能充分体现李阳冰篆书"圆淳瘦劲"的特点，或许这是因为《舜庙碑》在明嘉靖时期被重新镌刻过的缘故。

《宋咸等七人游华景洞题名》由僧宝珍篆额。字取纵势来组合笔画偏旁，"游"与"洞"的三点水均置于字的下方；"题"字左右两部分反置，显得与众不同；"名"字的口字底不竖放，而是侧躺着，也是求新出奇。此外，"题"字与"景"字的"日"字写法也不同，注意到了变化。我们需要注意僧人宝珍这个名字。就在给《宋咸等七人游华景洞题名》篆额的五年前，他还给《狄青撰平蛮三将题名》篆额。

● 宋咸等七人游华景洞题名额拓片

　　至于黄照《雉亭诗》的篆额，我在前面已经说过，其"笔画线条舒展细长，就像振翅欲飞的雉鸟"。谁篆额的？也是宝珍，时间距离《宋咸等七人游华景洞题名》已有六年。此时的宝珍已从一个字写得好的僧人，成长为西峰住持。我们来看他的字，进步更大了。"雉亭诗"三篆字取纵势，显得修长俊美。"雉"字的"隹"部分是一种象形的写法：头、双翅羽毛、尾翼，栩栩如生。"诗"字的"言"部分最上边长有两根冲天瓣、最下边"口"字长了尾巴，这样的写法并不常见，我在明代胡正言撰《千文六书统要》与清代林尚葵、李根撰《广金石韵府》中，看到了稍稍相类似的写法。

　　又，谢启昆《粤西金石略》引刘玉麐语，认为夏竦《引证俗古文》"矢"旁与宝珍写的"雉"之"矢"旁"略相似而实非"，认为宝珍写的"亭"字"似与《说文》作'亭'者近，然两旁内曲，垂足外张，叔重之法衰矣"，认为宝珍"诗"字的言字旁写法"盖效古而讹"，至于"寺"的写法"尤为谬"，"不知何所依据，宝珍俗僧，故杜撰如此"。有趣，呵呵！

朱熹撰《有宋静江府新作虞帝庙碑》由进士方士繇篆额，题额字形修长，线条纤细，笔画粗细一致，是典型的"铁线篆"，凸显瘦劲，不著圆润。清代桂林石刻上有一些篆书作品，也是这样的风格，线条纤细瘦劲，比如刻于龙隐洞与龙隐岩的刘心原的篆书就是如此。

这里选的三件隶书题额作品，石刻上均没有明说是谁书写的。我将《范成大撰碧虚铭并序》认作由范成大隶额，将《朱希颜跋刻龙图梅公瘴说》认作由书写《龙图梅公瘴说》的布衣王俛隶额。至于《饶祖尧跋刻元祐党籍碑》的隶额作者，我分析极有可能是书写《董世仪等十九人龙隐岩题记》摩崖石刻的作者。若要给这三件隶额作品排个座次，我以为"元祐党籍"和"碧虚铭"是第一个层级的，"龙图梅公瘴说"是第二个层级的。其中，"元祐党籍"与"碧虚铭"又各有特点，前者以方笔居多，极力张扬波磔笔画，将燕尾高高扬起，营造出字的动感；后者以圆笔居多，不事张扬，显得稳重谦和。

至于两件真书题额，《崇宁癸未奖谕敕书》是宋徽宗赵佶的墨宝。赵佶这皇帝，他独创的"瘦金体"是中国书法史上极有个性的一种书体。《桂林二十四岩洞歌》则属于颜体风格，由于该题额字体与正文一样,都有着浓郁的颜体风格,所以我判断题额的就是书写正文的"将仕郎刘振"。

三件桂林以外的题额,《新修五百罗汉佛像记》石刻位于广西融水县真仙岩,"碑额铁线小篆,圆通精美,结构谨严,字上下穿插紧接,列密行疏"。《侍读直院易尚书真仙岩亭赋》石刻也位于广西融水县真仙岩,柳之方隶额,"线条平直,用笔简洁,含篆籀古意"。《海角亭记》石刻位于广西合浦县,燕山大都篆额,"题额具唐代小篆风格,与正文气息相通,融洽和谐"。(以上题额鉴赏均引自敖朝军编著《八桂古刻 书史遗珍》一书)

● 赵夔《桂林二十四岩洞歌》拓片

● 谭允撰《新修五百罗汉佛像记》拓片

●《侍读直院易尚书真仙岩亭赋》拓片

石刻题额之美　69

● 范棱撰《海角亭记》拓片

山水间，那些摩崖题名熠熠生辉

公元1012年，熊同文、王贞白、俞献可三人的一件篆书题名作品在七星岩里刻成了。六年后，俞献可、燕肃、李诰三人的一件篆书题名作品刻在了七星岩洞口。这两件篆书题名，是我们今天能看到的桂林最早的宋代石刻，可以说开启了桂林石刻中宋人篆书题刻的先河。从书法角度来说，燕肃等三人的题名石刻最为后人津津乐道，它采用一种夸张的篆书体，相传为上古商汤之师务光发明的倒薤书，以小篆为基础，将每个垂笔的下端均处理成细长而尖锐的薤叶，以竖画向下伸引，作悬针状收笔，使得每个字均呈现出一种上密下疏的视觉效果，体现了书者的匠心独运。

清叶昌炽《语石》云："桂林山水甲天下。唐、宋士大夫度岭南来，题名、赋诗，摩崖殆遍。"又说："唐、宋题名之渊薮，以桂林为甲。"遍布桂林乃至广西的许多摩崖题名石刻，它们以精简的描写，最大限度地保留与展示了唐、宋士大夫及各色人等在岭南悠游山水时的人生瞬间。这些石刻书法墨色淋漓，各体皆备，一笔一划，记录了古人"无丝竹之乱耳，无案牍之劳形"的公余闲暇时光，充满了触手可及的历史质感，读来如见其人，如

● 燕肃、俞献可、李谘同游栖霞洞题名拓片

闻其声，让人仿佛看到一幕幕鲜活的历史影像。下面，我们就从书法角度，一起去观赏古人刻在山水间的一些摩崖题名。

位于月牙山龙隐岩的谭掞品评龙隐岩记石刻，高88厘米，宽77厘米。真书，字径8厘米。这件作品是我每次给人讲解龙隐岩石刻时必讲的，其要点有：首先，谭掞是宋广东曲江人，和王安石是同学，王安石推行新法时引其为郎官。写这件石刻时，王安

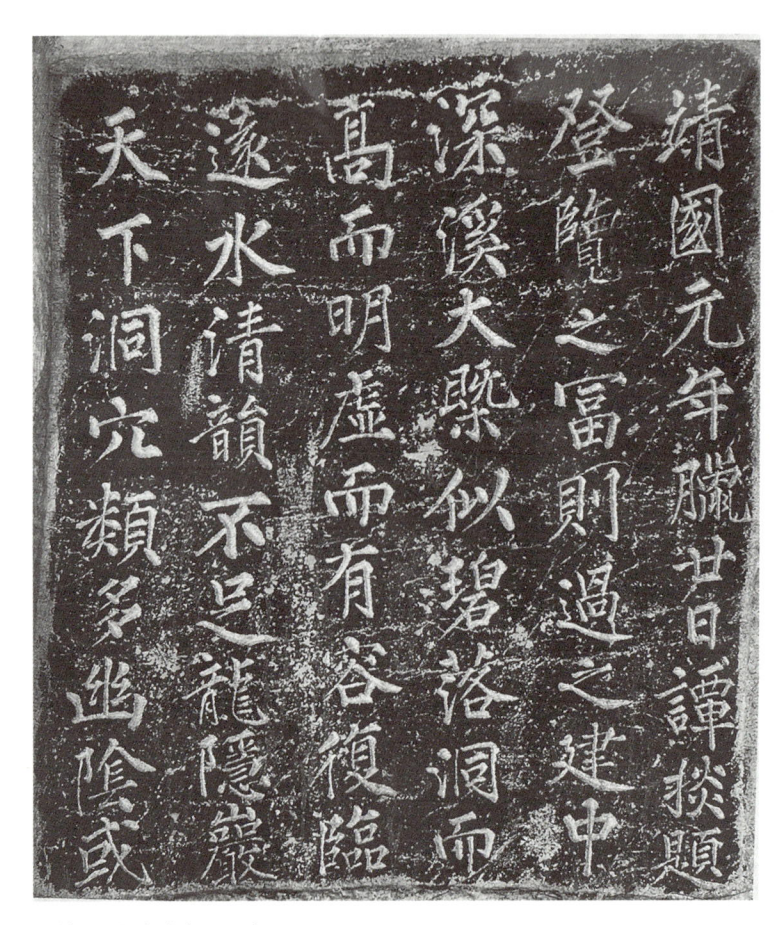

靖國元年臘廿日譚掞題
登覽之富則過之建中
深溪大槩似碧落洞而
高而明虛而有容復臨
遠水清韻不足龍隱巖
天下洞穴頻多幽陰或

● 譚掞品评龙隐岩记石刻

石已故去15年；其次，这件石刻既介绍了龙隐岩的特点，又比较了与其家乡碧落洞的异同，凸显了谭掞对龙隐岩的喜爱；第三，这件石刻提供了宋代直行右排列书写形式的实物例证。从书法角度来说，这件作品有柳体风格特征，行笔遒劲，线条粗细对比明显，厚重中不乏飘逸之感；结构谨严，其内敛含蓄的笔势，又呈现出朴质端庄之美。

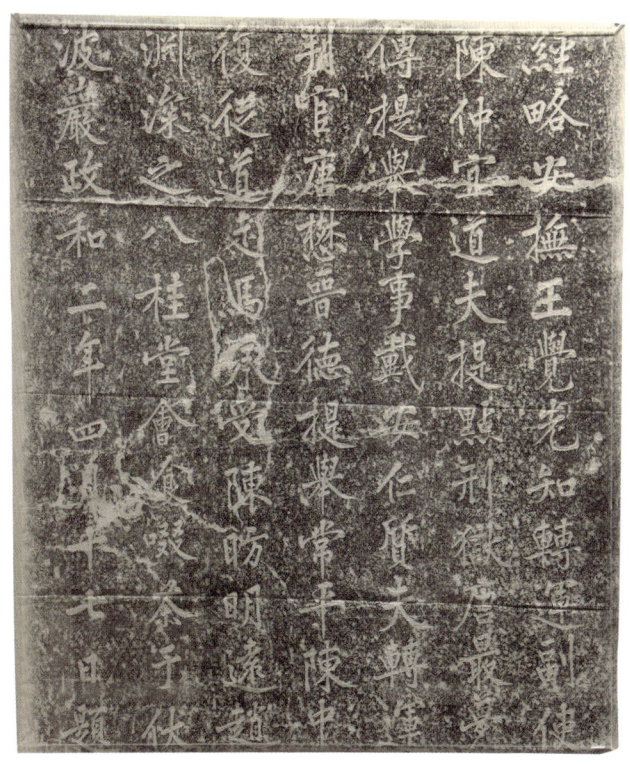

● 王觉等八人游还珠洞题名拓片

位于伏波山还珠洞的王觉、陈仲宜等八人游记题名石刻，高112厘米，宽95厘米。真书，字径8厘米。论者以为，该碑文"字体修长，左右开张，收放对比强烈，风格萧散，落落大方，深得黄庭坚笔意"（敖朝军编著《八桂古刻 书史遗珍》）。也有论者认为这件作品"书法兼有苏轼蕴藉沉稳与黄庭坚开张挺健的韵味"（桂海碑林博物馆编撰《桂林石刻书法选集（唐宋卷）》）。

● 刘锰、蔡怿等六人游龙隐岩题名石刻

位于龙隐岩的刘镒、蔡怿等六人同游题名石刻，书法表现十分抢眼。该石刻高85厘米，宽64厘米。行书，字径14厘米。字体呈竖型，用笔峻健，字势开张，结体舒展，行气外露，仿佛可见作者提笔挥毫，稍一凝视并长枪大戟式的唰唰唰一挥而就的样子，显露出作者豪放不羁的性格。

位于曾公岩的杨损、尚安国等六人题名石刻，高100厘米，宽137厘米。真书，字径7厘米。这件作品布局严谨对称，用笔方严端正，点画厚重圆润，结体雍容畅朗，有颜真卿书法风范。特别值得一提的是，该石刻记录了宋宣和七年（公元1125年）——距今900年前的一次三日游，六人纵情山水间怡然自得的神情跃然石上。

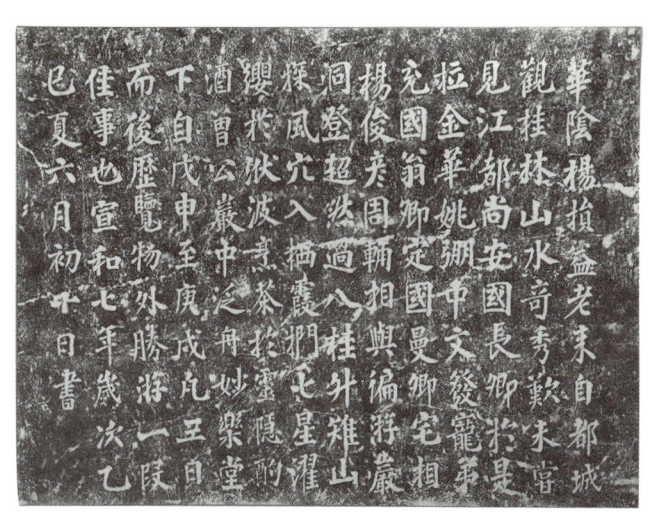

● 杨损等六人曾公岩题记拓片

● 方滋、唐时等十一人龙隐岩题名石刻

　　位于龙隐岩的方滋、唐时等十一人题名石刻，高170厘米，宽140厘米。隶书，字径12厘米。这是龙隐岩里的一件天碑，位于岩壁穹顶，镌刻难度大。作品特色在于隶书常有的蚕头燕尾并不明显，论者认为其"用笔与结体均兼篆籀笔意，有汉《夏承碑》的特点"。

　　位于伏波山还珠洞的王登叟等十二人饯别王千秋题名石刻，高65厘米，宽68厘米。隶书，字径5.5厘米。这件作品章法行列整齐，布局紧凑茂密。线条匀称，用笔奇拔，结体参以篆书体势，体态拙朴。题名中的两个"秋"字、"王"字、"景"字，都区别了不同写法。

● 王登叟等十二人饯别王千秋题名（左）拓片

位于南溪山白龙洞的李景亨等三人题名石刻，高130厘米，宽88厘米。隶书，字径20厘米。这件作品行距疏朗，线条匀称，用笔厚重朴茂，沉着敦厚，结体大方稳重。论者认为"虽然仍见唐隶习气，但已明显可见学习汉隶的迹象"。

位于普陀山留春岩的刘焞等六人题名石刻，高48厘米，宽380厘米。行书，字径13厘米。这件作品布

● 李景亨等三人游白龙洞题名石刻

● 刘煇等六人留春岩题名石刻

局呈长横幅的手卷形式，极具黄、米书韵。每行仅三字，上下紧密，点画厚实，字势舒展，气度不凡，饶有趣味，从中可见宋代社会大众在文化艺术方面的才华和达到的高度。

位于普陀山留春岩的熊飞等二十三人题名石刻，高135厘米，宽95厘米。篆书，字径8厘米。其内容是："淳熙九年岁在壬寅莫秋初吉，七闽熊飞景瞻以宪事行部至桂林，与乡人宦游者李薿东晖、李樀伯广、王葵钦之、陈阅周卿、上官骏子声、邓夏卿仲华、吴三锡宠卿、吴荣汉老、杨延年洪卿、陈璧廷珪、郑霆希声、潘元震子春、陈光祖昭远、吴孝友次张、赵盅虚中、庄汉辅季良、蒋梦震震卿、朱木仁叔、陈䧹定夫，会于诸洞，以赓庚子之盟。与者濮阳马演季长、青社镏良弼傅朋、临川蔡诜子羽。"石刻记录的是在桂林为官的一帮福建老乡及濮阳、青社、临川的僚友共23人"会于诸洞，以赓庚子之盟"的盛况。石刻文共148字，是宋代桂林石刻中字数最多的篆书石刻。用笔以中锋为主，线条圆转流美、粗细均匀，结体厚重朴实、形体趋长，布局疏朗，对称工稳。

● 熊飞等二十三人留春岩题名拓片，翻拍

位于龙隐岩的董世仪等十九人题名石刻，高185厘米，宽142厘米。行书，字径11厘米。该作品运笔纵横跌宕，自然舒畅，特别是许多笔画中的飞白效果尤其引人注目，体现了南宋社会士人书法的较高水平，而石刻能如此传神地再现其笔意笔势，也反映了石刻刻工的高超技艺。该石刻与《元祐党籍》碑一左一右相距不远，是同一年镌刻，给《元祐党籍》碑写跋语的饶祖尧又是董世仪等十九人中的其中一人，而"元祐党籍"四字的书法与该石刻的书法，在笔画劲道特别是飞白效果方面极其相似，仿若就是同一人所书。我曾据此猜测"元祐党籍"四字可能就是书写《董世仪等十九人龙隐岩题记》的作者写的。

● 董世仪等十九人龙隐岩题名石刻

位于普陀山七星岩口的钱楷视学栖霞寺题名石刻,高93厘米,宽35厘米。隶书,字径5.5厘米。这是一件清代石刻。笔画方圆兼施,粗细对比明显,结体舒展洒脱,有一种娟秀之美,是清代桂林石刻中的一件隶书精品。

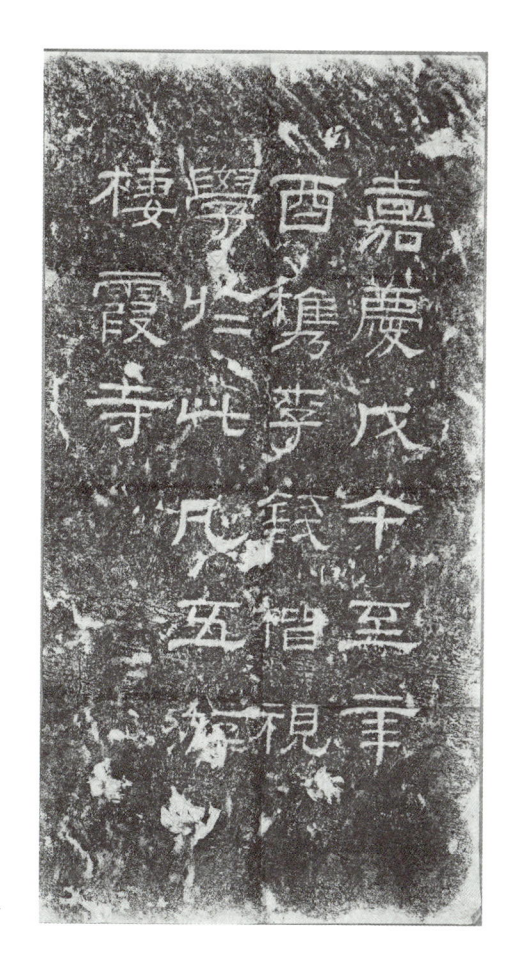

● 钱楷视学栖霞寺题名拓片

位于伏波山还珠洞的梁章钜等七人题名石刻,高115厘米,宽68厘米。隶书,字径8厘米。与钱楷题名相比,这件隶书作品呈现出另一种风格。它笔画厚重,粗细均匀,不讲求波磔之势,显得稳重沉着。另外布局上有列无行,个别字有意识地写长,呈

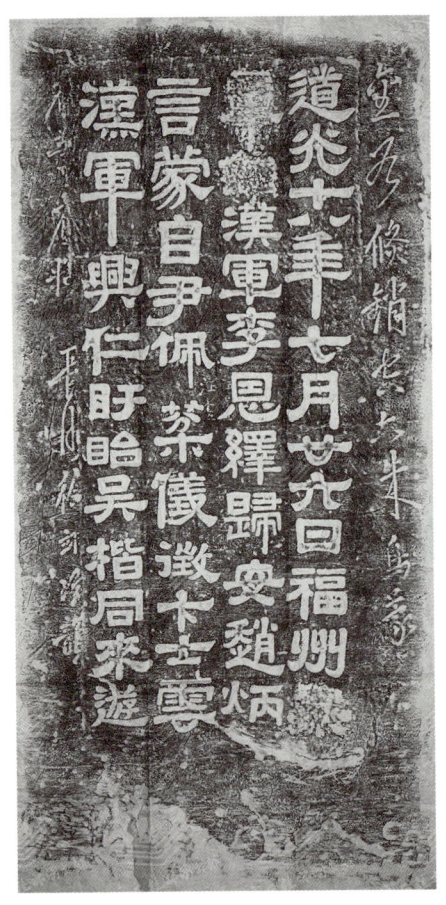

● 梁章钜等七人伏波山题名拓片

现一种跌宕穿插的效果。这件石刻凿毁了一件明代石刻，其上被凿毁的就是"梁章钜"三字。

最后，我们再来看位于普陀山碧虚岩的梁正麟与乡人话别题名石刻。这是一件民国石刻，字体隶书，隶书中又带有浓浓的魏碑笔意。结体平稳，布局茂密，字势趋扁，线条劲健，似乎力透石背，是民国桂林石刻中很有特色的一件隶书精品。

山水间的这一件件摩崖题名记载了古人在山水间行吟的种种情状，是古人山水情怀和生命情调充分展开的印迹，因而这些石刻中留驻了漫长历史中一段段快乐的时光。桂林乃至广西的山

● 梁正麟与乡人话别题名拓片

水题刻从隋唐时期开始,宋代达到鼎盛,而后绵延至明清,始终不曾中断的石刻纪游文化传统,反映出的是千年中延续的赏游风习。

"看山如观画,游山如读史。"眼前这些瑰丽文墨古色斑斓,幽光焕发,令人仿佛身临其境,神会古人,徘徊瞻仰,兴致盎然。真个是:山崖洞府,真草隶篆荟萃墨云深处;楼台亭榭,妙笔丹青遍迹碧桂山林。

苏安世：因治欧阳修案名闻天下

位于桂林雉山的苏安世等六人题名石刻，高65厘米，宽80厘米。真书，字径10厘米。通篇布局字距紧密，行距疏朗，结体宽博稳健，笔画厚重，是典型的颜体风格。石刻记录了北宋至和二年（公元1055年）三月二十二日，广西转运使、屯田员外郎苏安世与进士赵扬亦即他的女婿，以及自己的四个儿子一同游览雉山之事。苏安世为人有高义之风，字如其人，颜体风格很适合苏安世。

张鸣凤《桂胜》卷三"雉山"在评价雉山石刻所列人物时，说："惟士大夫所题名，昔本贤豪，今余文字，就壁按视，一值其人如苏转运之高义乎？低回其下，必不忍去。"这里的"苏转运"就是指苏安世。张鸣凤称苏安世有"高义"之风，主要与苏安世处理欧阳修疑似和外甥女有染一案有关。王安石在给苏安世写的墓志铭中对此事有专门记载：

庆历五年，河北都转运使、龙图阁直学士信都欧阳修以言事切直，为权贵人所怒。因其孤甥女子有狱，诬以奸利事。天子使

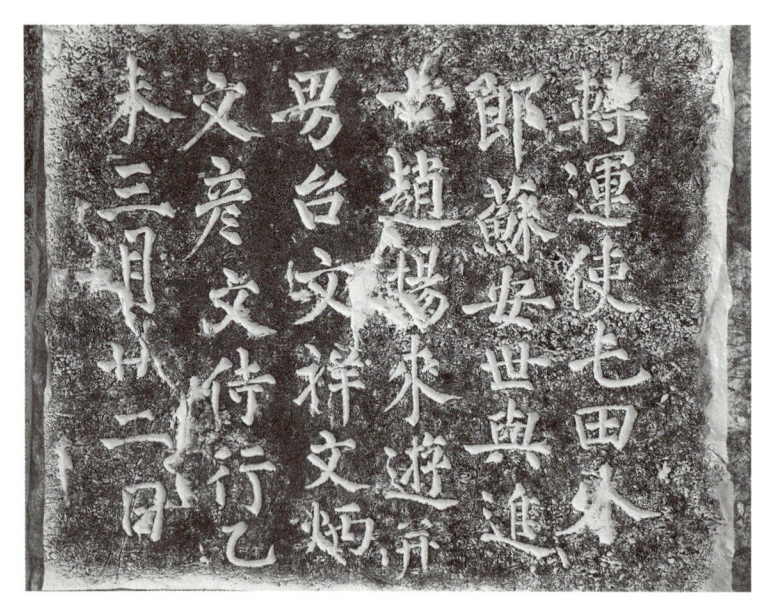

● 苏安世等六人雉山题名拓片

三司户部判官、太常博士武功苏君与中贵人杂治。当是时，权贵人连内外诸怨恶修者，为恶言欲倾修，锐甚。天下汹汹，必修不能自脱。苏君卒白上曰："修无罪，言者诬之耳。"于是权贵人大怒，诬君以不直，绌使为殿中丞、泰州监税。然天子遂寤，言者不得意，而修等皆无恙。苏君以此名闻天下。

苏安世因处理欧阳修案"名闻天下"，但也因此得罪了权贵人，在仕途上吃了不少苦头。"苏君既出逐，权贵人更用事，凡五年之间再赦，而君六徙，东西南北，水陆奔走辄万里。其心恬然，无有怨悔。遇事强果，未尝少屈。盖孔子所谓刚者，殆苏君矣。"王安石给予苏安世高度评价。苏安世后来通判陕府、知坊州，皆有善政，终为广西转运使，官屯田员外郎。至和二年（公元1055年）卒。王安石说他"君以进士起家三十二年，其卒年五十九。为广西转运使，而官止于屯田员外郎者，以君十五年不求磨勘也"。

苏安世留在桂林的摩崖石刻一共两件，除了雉山一件之外，另一件刻在今西山公园里的千山上，内容为："转运使苏安世与进士赵扬来，并男台文、祥文、炳文侍行。至和二年正月初二日书。"历来文献对这件摩崖石刻的记载均不完整，漏了年号"至和"二字和最末一个"书"字；刊刻地点也没有弄清楚，以为是一稿两刻，分别刻于隐山朝阳洞和西山。我在2019年12月18日的微信中记录了首次得见这件石刻的过程。

在网上得知"乐在桂林"寻见苏安世千山题名石刻后，我于第二天即10月27日下午，马上赶赴千山，攀上爬下，按"言"索骥。在"千山观"附近搜来寻去，却始终未能寻见苏安世题名。天色渐暗，只能打道回府，真是气馁至极。当时正有好些个工人肩扛铁管上山，一问才知道是准备搞危岩治理。

12月18日，也就是今天，气温比昨天有所下降，北风三级。上午，我赴西山公园访古、打卡，就算是锻炼身体，顺便也看看危岩治理的效果。当然，心里面最想看的还是西山的摩崖石刻与摩崖造像。我从隐山朝阳洞、北牖洞一路访去，一路拍照不停，谁能想到后来在千山竟然意外发现了苏安世题名石刻！时隔近两个月，念兹在兹，今日终于得见，这也算是一种缘分了。

回来一查对书籍，发现好几本书收录该石刻时，都少录了年号"至和"二字及最后一个"书"字。我分析该失误或当源自谢启昆《粤西金石略》或者嘉庆《临桂县志》。发现并指出这一点小瑕疵，也不枉今日西山之行了。

另外，这件石刻刻在一个佛龛内，我在四天后的微信中谈及了两天前的这一新发现。

今年冬至前四日，我赴西山访古，偶见苏安世题名，大喜。冬至前二日，我再赴西山，探访曾宏正题诗，在碧桂山林闻听怪鸟唧啾不已又扑簌簌飞离枝头。回来时我顺道又去看了一眼苏安世题名，猛然间发现这件石刻原来是镌刻在一个佛龛内的。

这两次探访，偌大个西山都只有我一个人，登山道上落叶满径，踩上去发出声声脆响，与四周的幽阒静寂形成鲜明对比。

浮蚁且同佳节醉，探梅不作少年狂。西山无梅可探，却有石刻可看，造像可观；有幽思可怀，胜迹可览。亦可堪欢喜矣。

简单地说，桂林石刻上的人物，有的是好人，有的是坏人。好人在石头上流芳百世，坏人在石头上遗臭万年。如上所述，如果没有苏安世，欧阳修估计早就既"倾"且"恙"了，所以苏安世是好人。由此我又想起彭子民。彭子民，字彦修，宋代潭州湘阴（今湖南湘阴）人，宋哲宗绍圣间为广西察访使董必属官出访至桂，他和陶奎、王长孺、席贡等四人在南溪山白龙洞有一件题名石刻，内容是："湘南彭子民、陶奎、王长孺，洛阳席贡，从诏使按部还桂，同游白龙洞。己卯初春。"这件石刻的背景是讲彭子民等四人作为广西察访使董必属官，来广西察访元祐党人，其间游览白龙洞并题名刻石。宋王巩《甲申杂记》载："潭州彭子民随董必察访广西，时苏子瞻在儋州。董至雷，议遣人过儋。彭顾董，泣涕下曰：'人人家各有子孙。'董遂感悟，止遣一小使臣过儋，但有逐出官舍之事。"张鸣凤《桂故》卷四载："时苏轼谪儋州，董媚时宰，欲遣人害之。彭顾泣曰：'人各有子孙。'董感悟，止令小使臣迫出官舍。"从这些文字我们可以看出，如果不是彭子民泪流满面地说出那句"人各有子孙"来劝阻董必，估计被贬至儋州的苏东坡会更惨，岂止"迫出官舍"而已。所以彭子民也是好人。《桂林石刻书法选集（唐宋卷）》评价彭子民等四人白龙洞题名石刻书法时，说："石刻书法用笔厚重，笔势超迈，结体倾侧，有米芾书法的特点。"

至于苏、彭对立面的那些人，我第一个想起来的就是张鸣凤说的那句话："叔恭大节殊无足观。"这里的"叔恭"是指吕愿忠，叔恭是其字。刻于桂林城东之辰山的一件石刻记录了发生在吕愿忠与桂林隐士刘晞（字升之）之间的一件事，石刻载："刘升之为诸生日，吕愿中帅桂，招见任寄居士人，喻以秦城有王气，俾各赋诗以谄老桧，刘独不赋。"吕愿忠要谄媚秦桧，刘晞拒不赋诗，有气节。宋宁宗庆元五年（公元1199年）帅桂的李大异听闻此事后，

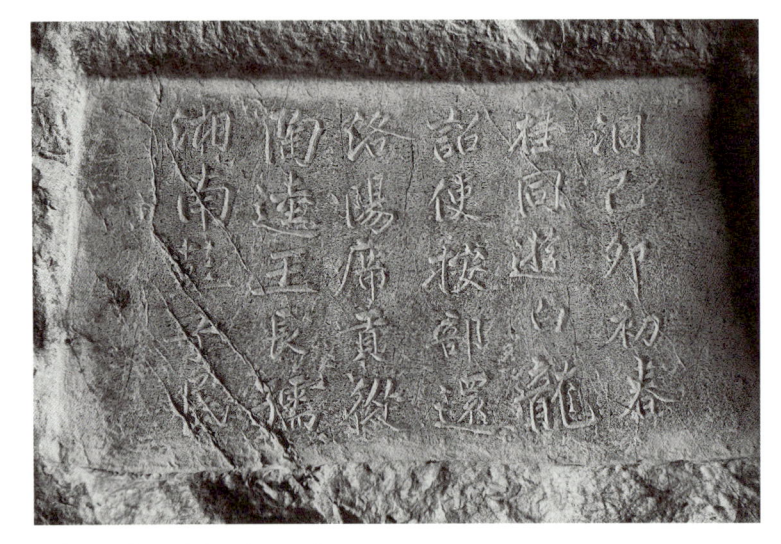

● 彭子民等四人白龙洞题名石刻

不但命名刘晞居住的岩洞为蛰岩，还写二首诗表扬刘晞。如今，雉山有刘晞题写的"雉岩"二大字石刻，也有吕愿忠的题诗并序石刻。据《桂故》卷五载："（吕愿忠）谄事秦桧，以李光、胡铨为桧所怨，两人并贬在其部内，愿忠欲构害之，以快桧。即奏光在贬所与胡铨诗赋唱和，讥讪朝政，乃移光昌化军。"另，吕愿忠帅桂期间，肆行贪虐，专横跋扈，人之共愤，军兵几至生变。诸如此类的行径自然为人所耻，都属于坏人行径。至于《元祐党籍》碑的书写者蔡京，其坏人品性更是早为世人熟知，毋庸赘言矣。

李彦弼：追慕米芾书风 为文特尚新奇

李彦弼，字端臣，庐陵（今江西吉安）人，自称李白后裔。宋元祐六年（公元1091年）进士。建中靖国元年（公元1101年）李彦弼第一次来桂林，做教授推官，崇宁三年（公元1104年）归于江西庐陵。政和四年（公元1114年）第二次到桂林，以奉议郎权通判桂州军州兼管内劝农事，于政和七年（公元1117年）秩满辞归。

位于清秀山的李彦弼独游题名石刻，高45厘米，宽44厘米。行书，字径7厘米。"欲骑日月超然之韵。端臣独游。"这件题名石刻，我非常喜欢。还记得第一次踏访清秀山，最大的愿望就是一睹这件独游题名。它的笔画刚健有力，顾盼有姿，颇具潇洒之态，可以感觉到作者书写时的一股豪情。书写速度快，下笔干脆利落，毫不拖泥带水，书法面貌显得恣肆张扬。李彦弼善书法，用笔颇有米芾之风，儿子李昂霄用笔也有米芾书风。张鸣凤在《桂故》中指出："大抵彦弼父子皆喜效米芾书。"在本书《"苏黄米蔡"在广西》一文中，我们还可以看到李彦弼与米芾"同台竞技"的一件石刻作品《米芾程节赠答诗》，可以更直观地比较李

● 李彦弼游清秀山题名石刻

彦弼与米芾的书法。

　　在雉山,有一件李彦弼等两人的题名石刻。内容是:"端臣、适用联襼,凌颢景,款幽丛,岑然吸酪奴,为无方游,维摩丈室,盖自生白。政和丙申季秋次朔。"石刻高38厘米,宽36厘米。行书,字径5厘米;年月署款字径3.5厘米。直行右排列。相比清秀山独游题名，这件两人游题名的书法面貌显得内敛了不少，然而线条依然干脆利落。方折侧锋用笔，字势稍微偏左，生动活泼，整个风格与位于伏波山还珠洞的"乙未元日，端臣独游"题名相差无几，米芾书法特征还是很明显的。

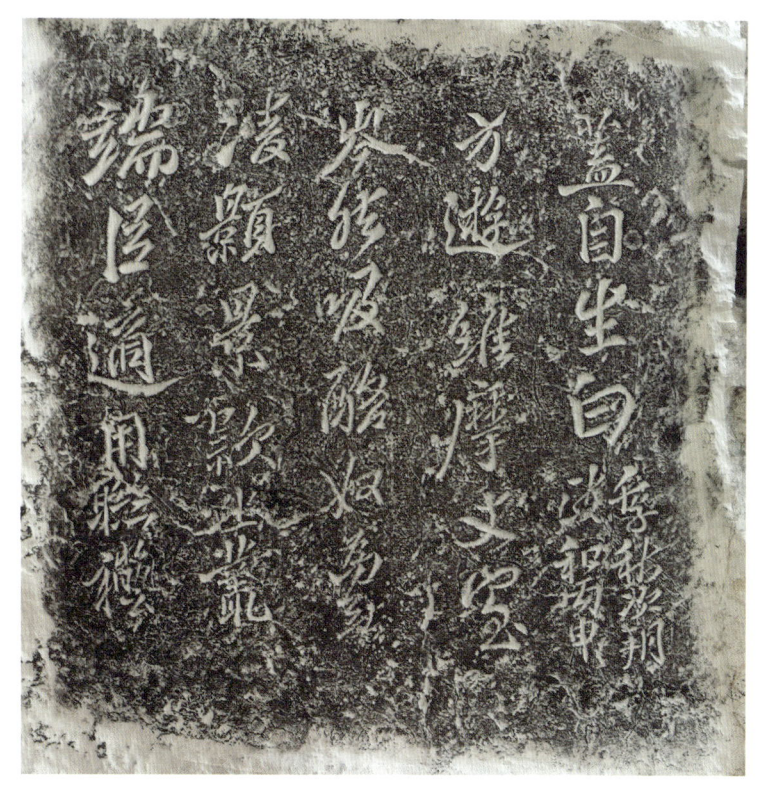

● 端臣、适用雉山题名拓片

在桂林石刻中，记载出游的，绝大部分都是呼朋引伴，或携家游，或同乡游，或僚属游，人数多在两个或两个以上，当然也并不排除一个人出游的。公元1801年，负责纂修《广西通志》的安徽桐城人胡虔于除日，也就是一年的最后一天除夕日"只游"了隐山。李彦弼更是独游清秀山、独游伏波山。桂林文博专家张益桂说，尽管石刻上写的是独游、只游，但实际上也有可能并非真的就是一个人出游，身边或许还是跟着一些小喽啰、小跟班的，只是这些下人没有资格列名石上而已。想想，这些猜测也不无道理。只是一个人出游，特别又选在元日、除日这样一些合家团聚的日子，多半也是心有千千结吧。

两次在桂任职期间，李彦弼先后与程节、程邻父子共事，并先后撰写了《八桂堂记》《湘南楼记》《大宋建筑隆兑州记》等文章，为程节、程邻父子歌功颂德。《湘南楼记》《大宋建筑隆兑州记》还磨崖上石，这两篇文章辞藻华丽，行文铺排对仗，很有气势，像在炫技一般，显示出作者极富文才。张鸣凤称此三记"皆侈丽可观"。

与同时代的人相比，李彦弼的摩崖题记在遣词造句上稍显艰涩，不通俗易懂，形式上则讲求行文铺排对仗，整个让人感觉仿佛是在炫技一般，张鸣凤称李彦弼"才藻横放，恒自拟李翰林白，然撰制特尚新奇，亦其癖也"。按，李彦弼自认李白寒裔，有诗云："谁嗟长庚有寒裔，壮龄直欲排紫闼。"特尚新奇，一语中的。就拿刚才讲解的那件《端臣、适用雉山题名》为例，比如两人或多人骑马偕游，一般人就写联骑、联辔、联镳、缓辔、并辔，都好理解。就偕游而言，一般人只是简单地说同游、来游、同来、偕游，李彦弼则用联襟。襟者，衣袖也。喝茶不说喝茶，也不说啜茶、烹茶、瀹茗、啜茗，而要说吸酪奴。李彦弼在《曹迈、李彦弼等三人元风洞题记》石刻中又换一种说法叫"瓯酪奴"。其中有个典故，说的是南北朝时，北魏人不习惯饮茶，而好吃奶酪，戏称茶为酪奴，即酪浆的奴婢。另外，吃饭不说吃饭，这样太直白，在《曹迈、李彦弼等三人元风洞题记》石刻中说"匕云子"。匕，不是匕首，而是指勺、匙之类的取食用具；云子者，白米饭也。另外，李彦弼的摩崖题记还有一个很重要的特点，那就是对于整个游兴之事讲得很隐晦很笼统，并不落到实处，由你想去。比如别人说早饭灵隐、午饭龙隐、饭于观音院等，地点交代得清清楚楚；李彦弼呢，只说匕云子，地点在哪，他没说。别人讲"登超然，过八桂，升雉山，探风穴，入栖霞，扪七星，濯缨于伏波，烹茶于灵隐，酌酒曾公岩中，泛舟妙乐堂下"，整个游程清清楚楚，用词浅显易懂；李彦弼只说"蹀青骢，并绿杨，撷芳洲，挹沧澜，与春工相忘无何乡""凌颢景，欵幽丛，岑然吸酪奴，为无方游""凌商衢，绝湍柽，挟随车之霖润，探空穴之薄肤，于是匕云子、瓯酪奴，订文闱之菁英，研道枢之虚无，恍契夫御寇之泠然，欻翱乎寥阳之清都"，总有点掉书袋的感觉。

宋徽宗政和五年（公元1115年）八月初一，李彦弼为程邻撰并书《大宋建筑隆兑州记》，磨崖于屏风山。这篇文章有浓郁的拍马屁味道。范成大的同年梁安世就写诗挖苦说："宣政喜边功，隆兑筑州县。程公自名岩，刻石记所建。得既不偿费，中兴弃不缮。诞谩磨崖辞，当日妄夸炫。"到明代就更惨了，张鸣凤将其与立名联系在一起，评论说："余从岩壁读李彦弼《兖州记》，而重有感于立名之难焉。程氏帅桂，暴兵竭赀以奉异类，外之夸示州部，内自结于君相，显有荣名，世载不替，宜矣！未几而贻梁安世之刺，其指与《宋史》符，岂汉法所谓'附下罔上，怀谖迷国'者耶？夫既偷取及身之荣，又欲规徼永世之誉，假宠文士，雕篆名山，自以为计之得，李《记》艳矣，如罔功实何？"我想李彦弼大抵应该不会料到因为这篇文章而落得这样一个结果罢。

如今回过头来认真分析李彦弼写的《李端臣同曹圣延游风洞及七星观遂成长句三十韵》（写于公元1117年），我们可以感觉出他在桂林似乎并不得志，过得很憋屈。这首诗由李彦弼的儿子李昂霄书写，镌刻在七星山麓元风洞旁。李彦弼此诗用了不少典故，遣词造句也颇尚新奇。囿于才疏学浅，一些地方我还无法把握其确切含义，只能谈个大概。开篇四韵以曹植（字子建）、华山骁耳（良马名，周穆王八骏之一）作比，赞美曹迈（字圣延，江西宜春人，和李彦弼是老乡）的才学，曹迈喜欢吟咏杜甫诗歌，"追遗风"似乎暗指曹迈是曹操的后裔。接下来四韵是李彦弼的自我剖析，自己曾胸怀抱负，志向远大，只可惜生不逢时，为党争所累，十余年来无所建树。像李广有射虎之威，却到老无封；冯唐有乘龙之才，却一生不遇。中间十二韵写两人的游兴之事。最后十韵表明自己忧愁已愁到骨头里，却只能和衣鱼较劲，一辈子为粗粮折腰；给曹迈打气，相信有朝一日能出人头地，这话似乎也是说给自己听的，仍然不忘对自己的期许，尽管遥遥无期，但还

李彦弼：追慕米芾书风 为文特尚新奇

● 李昂霄书《李端臣同曹圣延游风洞及七星观遂成长句三十韵》拓片

希望在合适的时候，曹迈能拉自己一把。与其相濡以沫，不如相忘于江湖，希望自己能到更大的舞台去施展抱负。八年后，曹迈任职广南西路转运判官。李彦弼呢，于政和七年秩满辞归。桂林石刻上关于他的最后一条消息就是政和七年秋蟾圆节和曹迈一起到曾公岩（也称冷水岩）傲暑。避暑就避暑嘛，偏偏说傲暑，傲暑凌霜，这些字眼体现出的就是一种不服输的气节。但是在貌似坚强的外表下，或许正隐藏着李彦弼一颗有千千结的苦闷内心。

有个细节，李彦弼为程节撰写《湘南楼记》时，只负责记（也就是撰写文章）而已，书写（也就是抄录文章）是周冕负责的。而到为程邻撰写《大宋建筑隆兑州记》时，"撰并书"的工作都由他一个人完成。此文不仅文章篇幅更长，辞藻亦更为华丽，铺排渲染，叙述议论，气势汪洋，极尽李彦弼之才学，也极尽拍马屁的奴态。他这样做的目的，用现在的话说，不就是希望能得到领导重用、获得擢升的机会吗？只可惜他的愿望没有达成。尽管第一次来桂林之前，好朋友米芾就写信给程节，希望能关照他这个小老弟（详情可见石刻《米芾程节赠答诗》），但16年过去，李彦弼还是"冯唐易老、李广难封"。端臣只游、端臣独游，多么的形单影只，但他还始终抱持着"欲骑日月超然之韵"的傲气，不屑与自己看不起的人为伍。只是内心里其实也应该很脆弱罢？你看如今一肚子的苦水，都倾泻在这长句三十韵里了。

"苏黄米蔡"在广西

书法史上的宋四家"苏黄米蔡"之"蔡"是指谁？历来有争议，一说是蔡襄，一说是蔡京。本文取蔡京之说。

在宋代人眼里，广西地处南服，是蛮荒僻远之地、贬谪流放之区。然而就是这样一个地方，却和"苏黄米蔡"有联系，苏轼、黄庭坚、米芾、蔡京的墨宝都曾来到广西，刻在了广西的山崖石壁上，成为了广西很有价值的石刻作品。

先说苏轼。

由苏轼书写的《荔子碑》是广西石刻精品，其书法体现了苏轼成熟时期的楷书风貌。形制为碑刻。《荔子碑》由韩愈撰文，记柳宗元事，苏轼书写，人称"三绝碑"。由文后跋语可知，该碑于宋嘉定十年（公元1217年），由时任柳州军事推官权金判、天台人关庚负责立石。目前存放于柳州市柳侯祠。兹录韩愈碑文于下：

荔子丹兮蕉黄，杂肴兮进侯之堂。侯之船兮两旗，渡中流兮风汩之。待侯不来兮不知我悲。侯乘白驹兮入庙，慰我民兮不嚬兮以笑。鹅之山兮柳之水,桂树团团兮白石齿齿。侯朝出游兮莫来归,春与猿吟兮秋与鹤飞。北方之人兮谓侯是非,千秋万岁兮侯无我违。愿侯福我兮寿我,驱疠鬼兮山之左。下无苦湿兮高无干,秔稌充美兮蛇蛟结蟠。我民报事兮无怠其始,自今兮钦于世世。

● 苏轼荔子碑拓片

此碑名闻天下，朱熹誉其"奇伟雄健"，王世贞称赞说"东坡公书柳子厚《罗池铭辞》，遒劲古雅，是其书中第一"。

宋元符三年（公元1100年）六月，苏轼遇赦北归，途经广西合浦时，还为合浦海角亭书题"万里瞻天"匾。据桂林宋代石刻《静江府给侯觉澄等重建观音堂执照》可知，在桂林观音山黄金岩，宋时建造的观音佛堂也曾悬挂有苏轼题写的匾额。

再说黄庭坚。

黄庭坚留在广西的墨宝是闻名遐迩的《五君咏》。据桂林清代石刻《梁章钜跋刻黄庭坚书五君咏》云："独秀峰旧有始安太守颜延之读书岩，宋孙觅筑五咏堂，镌《五君咏》于石，今皆无考。余以旧藏黄山谷书《五君咏》真迹，属郡人陈鏴双钩，马秉良市石，勒诸山中，用存旧迹云尔。道光十八年九秋，福州梁章钜书。"不过梁章钜镌刻的这件《五君咏》原石已佚，《广西石刻展览特刊》云："凡四帧，民国卅三年倭寇祸桂，碑石被毁。"今存月牙山龙隐岩内的《五君咏》石刻是桂林市文物管理委员会于1965年据梁刻旧拓本重刊的。从石刻上看，梁章钜当年收藏的这件拓本，在诗题《五君咏》右旁钤有"绍兴"二字连珠方印，在下方又钤有"丹丘柯九思记"方印，说明该拓本曾为宋高宗御府珍藏，入元后，又为柯九思递藏。黄庭坚的这件书法，潇洒飘逸，刚中带柔，结字中宫收紧，大撇大捺恣肆舒展，犹如长枪大戟，虎虎生风，亦如在大江河上划桨摇橹，气势非凡，赵孟頫曾赞其书"圆劲飞动"，"望之如高人胜士，令人敬叹"。《宋史》评价其书法"善行、草书，楷法亦自成一家"。这件《五君咏》书法堪

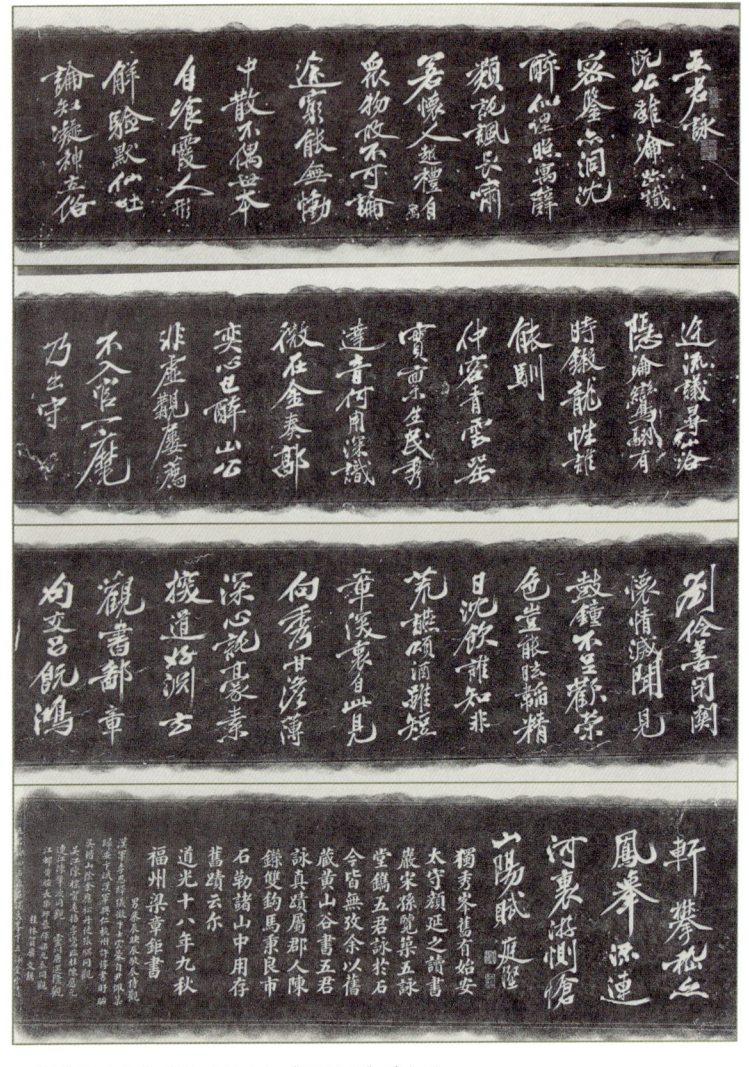

● 梁章钜跋刻黄庭坚书颜延之《五君咏》诗拓片

称黄庭坚行书中的妙品。

宋曾敏行《独醒杂志》卷三记载了关于苏轼书法与黄庭坚书法特征的一个逸闻。"东坡曰：'鲁直近字虽清劲，而笔势有时太瘦，几如树梢挂蛇。'山谷曰：'公之字固不敢轻议，然间觉褊浅，亦甚似石压虾蟆。'二公大笑，以为深中其病。""树梢挂蛇"与"石压虾蟆"之论，一语中的，令人莞尔。

三说米芾。

米芾留在桂林的墨迹有三件，两件镌刻于伏波山还珠洞，第一件是潘景纯、米芾还珠洞题名，内容是："潘景纯、米黻。熙宁七年五月晦同游。"这是米芾的早期书法作品，今存。按，明代张鸣凤曾怀疑这件作品是程节父子、李彦弼父子作假，"即伏波米元章之题，心疑程、李两家父子所为，以经方提刑力辩之，姑取入焉"。这是没道理的。张鸣凤的这一怀疑值得商榷，之所以会有这样的判断，窃以为这是因为张鸣凤对程节程邻、李彦弼李昂霄两家父子抱有成见而得出的结论。相关辨析可参拙文《漫议张鸣凤〈书《桂胜》后〉》，收入拙著《张鸣凤的喟叹——〈桂胜〉译注与解读》。第二件是米芾自画像，今存。桂林市文物管理委员会编辑的三卷本内部资料《桂林石刻》云："像高一尺三寸，全身立势，面微向右，右手舒二指，如有所指，头有冠，足有履，宽袍大袖，如作开步之势，飘洒之气，跃然石上。"第三件镌刻于龙隐岩，即米芾、程节赠答诗，这件石刻内容分为前后两部分，前一部分是米芾写的一首诗，"诗送端臣桂林先生兼简信叔老兄帅坐"。米芾的好友李彦弼要前往桂林，出任桂州知州程节的幕僚，

● 米芾程节赠答诗拓片

米芾在真州东园为其饯别，写此诗为李彦弼送行，同时以诗代信送呈在桂林为官的好友程节，有嘱咐程节关照李彦弼的意思；后一部分是程节的和诗。这件石刻前一部分是米芾的笔迹，是米芾成熟时期的书风，后一部分由李彦弼书写。李彦弼和儿子李昂霄在书法上都学米芾字体，所以米芾、程节赠答诗前后两部分内容，在书法风格上非常相似。这件石刻由龙隐岩释迦寺住持仲堪刻石，今存。

最后说蔡京。

蔡京留在桂林的墨宝是非常有价值的《元祐党籍碑》。说是碑，形制其实是摩崖。石刻磨崖在龙隐岩，由吉州（今江西吉安）人饶祖尧于宋宁宗庆元四年（公元1198年）九月跋刻，刊者王俊，今存。立碑于广西融水真仙岩、现收藏于融水县博物馆的另一件《元祐党籍碑》，形制为石碑。从书法角度看，桂林的序言、碑文题目与人名皆是蔡京书风，与饶祖尧跋语之书风迥异；融水的序言、人名与沈暐跋语之书风高度一致，不是蔡京书风。

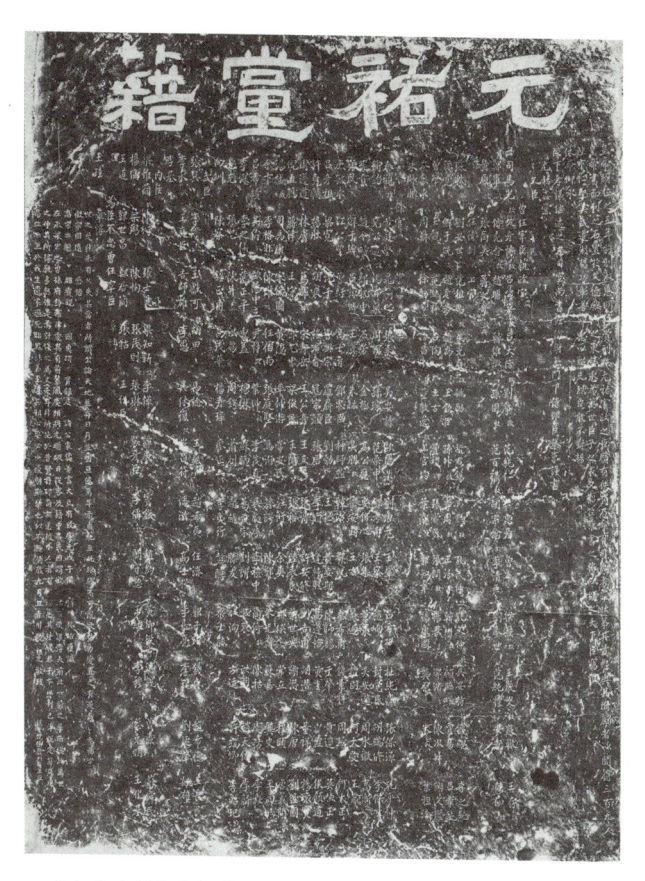

● 饶祖尧跋刻蔡京书《元祐党籍碑》拓片

皇帝书法哪家强？

清乾隆己巳（公元1749年）秋，由农部郎官出为粤西郡贰的宛平人查礼来到桂林，他在《游龙隐洞龙隐岩记》中说："（龙隐岩）岩高约四五十尺，……岩内摩崖无完石，宋《元祐党籍碑》《崇宁癸未奖谕敕书》并在焉。"

《崇宁癸未奖谕敕书》是宋徽宗赵佶颁发给桂州知州程节的一份"荣誉证书"，以表彰他及广西经略司镇压"安化蛮"作乱取得的功绩。很长一段时间以来，我都想找到它。可惜一直未果。后来才知道，该石刻已毁。好在最终得以一睹其拓片照片，也算是了了心愿。该敕书内容是：

崇宁癸未奖谕敕书（额）敕程节：省广西经略司奏"安化三州一镇蛮贼结集八千余人，于地名卸甲岭、吴村、蒙家寨等处作过。黄忱等部领兵丁等二千九百九十余人，与贼斗敌，斫到五百四十八级，阵亡一十八人。贼兵大败，夺到孳畜、器械三万余数，得功人乞推恩作敕旨"事，具悉。蛮蜑跳梁，为郡邑害。维予信臣，克奋威略。选用材武，提兵格斗。斩首捕虏，厥功著

● 宋徽宗《崇宁癸未奖谕敕书》拓片，翻拍

焉。除恶靖民，嘉乃之举。故兹奖谕，想宜知悉。春暄，卿比平安好？遣书，指不多及。二十五日。崇宁二年五月二十七日，桂州龙隐岩释迦禅寺住持、传法沙门、赐紫仲堪上石。

据《桂林石刻碑文集》记载，该石刻高100厘米，宽85厘米。额真书，字径7厘米；正文行书，字径4厘米；"崇宁二年"以下署款真书，字径4厘米。宋徽宗的"瘦金体"独步天下，对后世影响甚巨。这件敕书不是"瘦金体"，桂海碑林博物馆编撰《桂

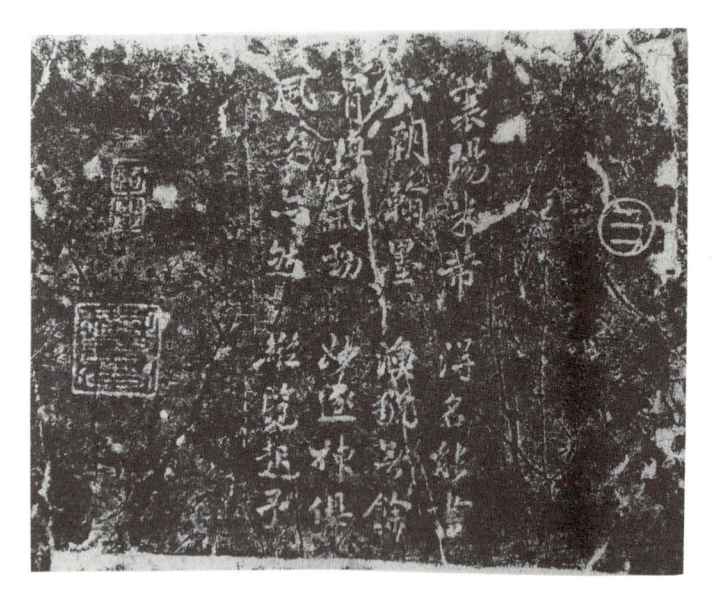

● 宋高宗米芾自画像像赞拓片

林石刻书法选集（唐宋卷）》说："这件敕书与辽宁省博物馆所藏宋徽宗书《蔡行敕卷》风格相同，行间布白疏朗得体，笔画纤细，写来墨韵流畅，潇洒清劲，有如飘藤荡柳之势，具有瘦而劲、秀而润的艺术效果。""飘藤荡柳之势"之评，真是好词！

  宋代皇帝的书法在桂林石刻上可见的，还有宋高宗题写的米芾像赞。石刻位于伏波山还珠洞，由方信孺于宋嘉定八年（公元1215年）负责摹刻上石。《方信孺跋刻米芾自画像》石刻由两部分组成：一是米芾自画像，上有宋高宗像赞、米友仁题跋；一是方信孺撰《宝晋米公画像记》。

宋高宗赵构是徽宗第九子，为南宋第一个皇帝。他题写的米芾像赞内容是："襄阳米芾，得名能书。六朝翰墨，渔猎无余。骨与气劲，妙逐神俱。风姿亦然，纵览起予。"石刻高30厘米，宽36厘米。行书，字径2厘米。一看这字就是典型的米芾风格，可见宋高宗对米芾书法的倾心。像赞书于画像上方，钤有三枚印章：乾坤圆印、"绍兴"连珠方印、"御书"方印。米友仁鉴定题跋云："先南宫戏自作此小像，真迹今归御府。"据方信孺《宝晋米公画像记》，该像是据米芾曾孙米国秀家藏本镌刻。

　　宋理宗赵昀的墨宝出现在宝积山，见于石刻《开庆己未奖谕敕书》。该石刻是宋理宗颁发给兵帅朱广用的一份"荣誉证书"，以表彰他率兵抵御"鞑戎"、也就是蒙古兵犯境取得的功绩。该石刻高229厘米，宽155厘米。分三层：第一层镌额，额隶书，阳刻，字径9厘米。第二层敕书，行书，字径3厘米，并钤有一枚9厘米见方、刻有"书诏之宝"四字之叠篆玺印。第三层为朱广用谢表，真书，字径1.5厘米。表末有跋文。宋理宗这份敕书分11行，行25字。在布局上行距疏朗，清新爽目。全篇运笔畅快，写得如行云流水，只是许多字在收笔时都有一些多余的动作，点画质量欠讲究。理宗书法要逊于徽宗、高宗。

　　另，谢启昆《粤西金石略》在《崇宁癸未奖谕敕书》石刻后作案语云："刘玉麐曰：'陆游《老学庵笔记》云：自唐至本朝，中书门下出敕，其敕字皆平正浑厚。元丰后，敕出尚书省，亦然。崇宁间，蔡京临平寺额作险劲体，来长而力短，省吏始效之，相夸尚谓之司空敕，亦曰蔡家敕。'今此刻两敕字正然。又，理宗

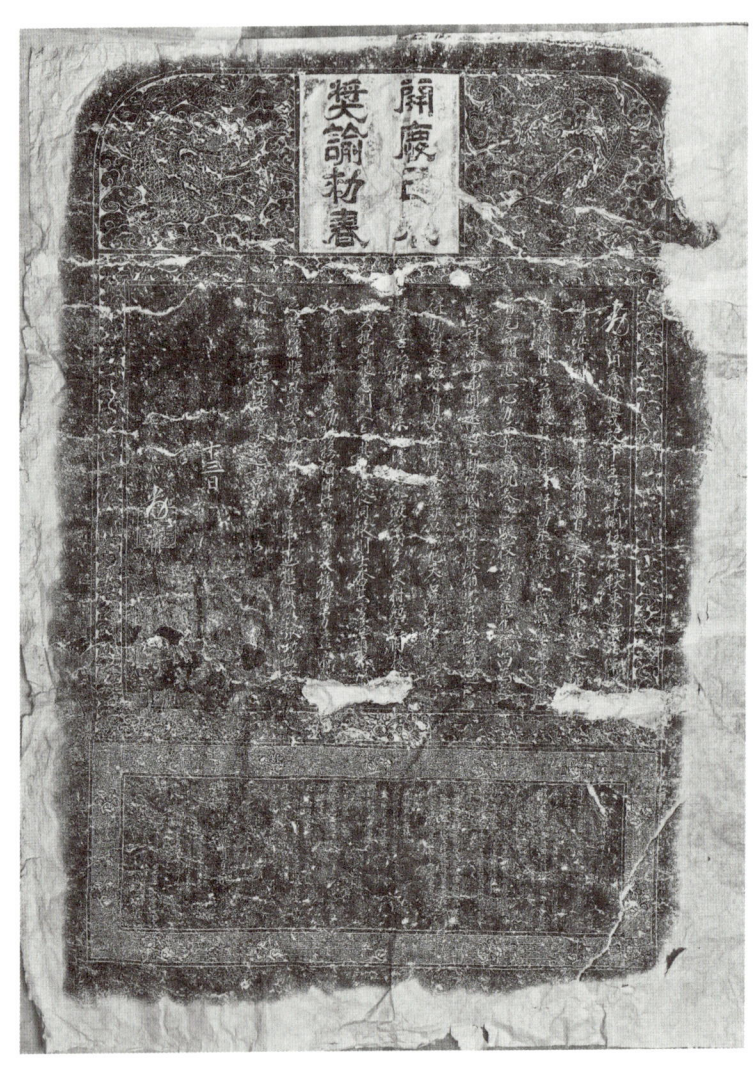

● 宋理宗《开庆己未奖谕敕书》拓片

与朱广用勅令刻华景洞内，勅字亦与此同，盖宋末犹用其体也。"书法史上都说唐人崇法，宋人尚意，窃以为，此一敕书之"敕（勅）"字，在宋代自"平正浑厚"至"险劲体"的变化，诚可作为"宋人尚意"的一个真实写照与典型范例。

在桂林虞山上有一件摩崖石刻，内容是："御书：世守八景。小臣李世守钦受。"《桂林石刻总集辑校》认为其"刊刻时间在清代或更早"，我认为它是元顺帝的御书，大抵刊刻于元代至元年间。这也是元顺帝留在桂林、迄今仍存的唯一墨宝。

在桂林，最早的八景之称起于元代吕思诚的桂林八景诗，即明代陈琏《桂林郡志》中收录的《尧山冬雪》《舜洞秋风》《西峰晚照》《东渡春澜》《訾洲烟雨》《桂岭晴岚》《青碧上方》和《栖霞真境》。吕思诚于至元二年（公元1336年）任广西廉访佥事，任职期间写下桂林八景诗。至于署款中的李世守，陈琏《桂林郡志》记载有两个李世守，一个是承事郎，至元二年任广西元帅府经历；一个是将仕郎，至治三年（公元1323年）任广西元帅府都事。《桂林郡志》卷二十二在收录吕思诚桂林八景诗之后，紧接着收录了作为元帅府经历的李世守的11首诗。结合与吕思诚同一年任职桂林这个因素，我初步判断，刻于虞山的"世守八景"题榜，其署款之"小臣李世守"应该就是至元二年任职广西元帅府经历的承事郎李世守，而御书之人自然就是元顺帝妥懽帖睦尔了。此外，在明嘉靖《广西通志》、清康熙《广西通志》中，我都没有看到李世守之名。

● 元顺帝书"世守八景"四大字拓片

  刻于虞山上的这件"世守八景"石刻反映了元顺帝对当年贬居广西静江府那段佛寺生活的"不了情"和对桂林的眷念。作为曾经潜邸的桂林，元顺帝当然希望桂林八景能世世代代守护下去，又加之李世守之名，于此意甚是切合，元顺帝自然是乐意挥毫书赐的。另据明代徐淮《重修宁寿寺碑》云："桂林城东南隅，有古刹一区，曰宁寿。……元顺帝尝书赐'圆觉'二大字。"如今"圆觉"匾额已无处可寻，好在我们尚能从镌刻于虞山的御书"世守八景"四大字一窥元顺帝书法的风采。"世守八景"四大字，其风格颇近于赵孟頫书风。作为元代最有名气的书法家之一，赵孟頫的书法在元代影响很大，我们有理由相信元顺帝或应学习过、临摹过赵体字。

当然，赵体字在社会上的广泛流行，还要得益于清康熙、乾隆皇帝的大力倡导与身体力行。特别是康熙皇帝，他极力推崇董其昌、赵孟頫字体，并亲力亲为临摹赵体，以至于康熙年间赵孟頫书体在社会上形成了一个高潮。

康熙皇帝推崇赵孟頫字体，他留在广西的御笔又是怎样的面貌呢？

登上海拔200多米的湘山顶峰，探访康熙皇帝的钦赐御笔。早在2011年，我带领摄制组寻访全州石刻，就是从湘山启程的。

"寿世慈荫"，康熙御笔之宝，是广西位置最高的石刻。原本悬挂于湘山寺无量寿佛大殿之上，后来，广西巡抚陈元龙、布政使黄国材、按察使年希尧等官员，往江南雇觅刻字善手，将四字照样放大，恭刻于湘山之巅，使往来者"举目即观"。"寿世慈荫"，真书，字幅高260厘米，宽840厘米，字径160厘米，真是气势不凡。其中"康熙御笔之宝"篆书方印置于石刻正中题字

● 康熙书"寿世慈荫"四大字石刻

上方。对于放大摹刻一事，康熙在陈元龙的奏折中批示说："知道了。"

再来看乾隆皇帝留在桂林的石刻书法。

在广西师范大学王城校区（清代为贡院）内礼堂墙壁上，镶嵌有乾隆的《阅贡院诗》石刻，分四石刻成。乾隆题诗字体行书，字径11.7厘米。这件作品字迹清晰，风格通俗流美，得赵孟頫精神。石刻于民国四年（公元1915年）十月，由贵阳金开祥、桂林陈智伟筹资重立。乾隆皇帝喜欢写诗，写得多，还特别擅长书法，留下的字迹也多。在桂林市临桂区四塘乡横山村陈宏谋故居，也有一件乾隆题诗石刻作品：《御笔赐江苏巡抚陈弘谋》五言十二韵诗。看，皇帝是不用为自己名字避讳的。

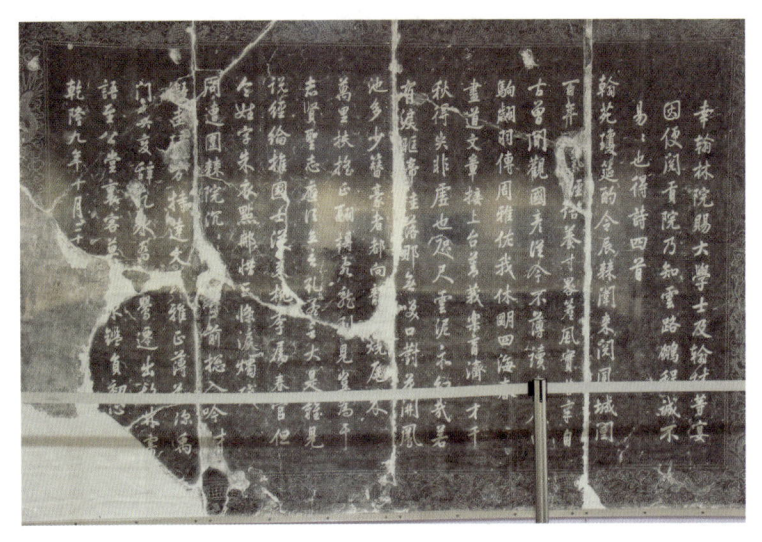

● 乾隆《阅贡院诗》拓片

"桂林山水甲天下"与"吾闽衣冠甲天下"

提到王正功，如今几乎可以说是家喻户晓，主要就是因为那句声名远播的"桂林山水甲天下"诗句。该诗句见于王正功写的《宴享计偕者劝驾诗》，刻于独秀峰。石刻内容是：

权府经略提刑大中丞公宴贺之诗（额）　嘉泰改元，桂林大比，与计偕者十有一人。九月十六日，用故事行宴享之礼，提点刑狱、权府事、四明王正功作是诗劝为之驾。

百嶂千峰古桂州，乡来人物固难俦。峨冠共应贤能诏，策足谁非道艺流。经济才猷期远器，纵横礼乐对前旒。三君八俊俱乡秀，稳步天津最上头。

桂林山水甲天下，玉碧罗青意可参。士气未饶军气振，文场端似战场酣。九关虎豹看勍敌，万里鹍鹏仦剧谈。老眼摩挲顿增爽，诸君端是斗之南。

门生、乡贡进士张次良上石。

关于王正功的这两首诗，我想着重指出三点：其一，这是两首劝驾诗，主旨是赞美解试中试学子，预祝他们来年考出好成绩，不是赞美桂林山水的，尽管大家最耳熟能详的就是其中的"桂林山水甲天下"。其二，据我观察，引述这两首诗，常有人写错字，比如将"九关虎豹看勍敌"之"勍敌"错写作"劲敌"，将"万里鹍鹏仛剧谈"之"鹍鹏"错写作"鲲鹏"。其三，关于这两首诗的篆额，现在只能看出"□府经略提刑□中□公□贺□诗"字样。结合相关资料，我倾向于将其认作是"权府经略提刑大中丞公宴贺之诗"。

● 王正功《宴享计偕者劝驾诗》拓片

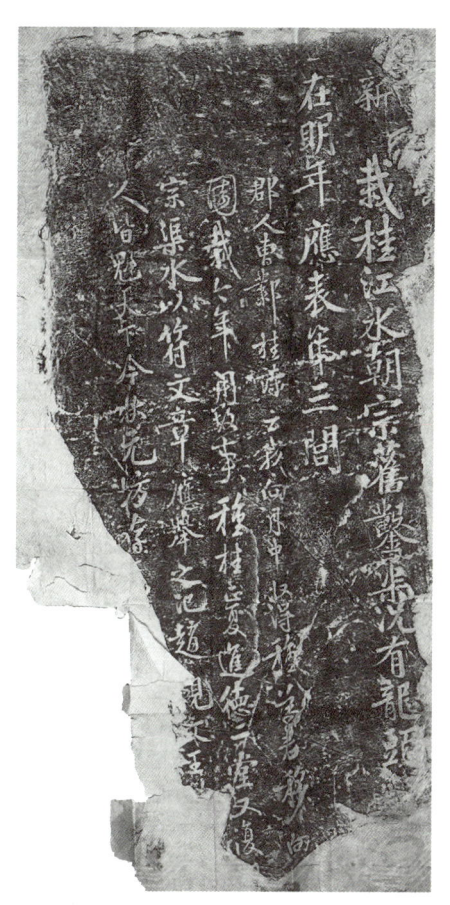

● 范成大桂林鹿鸣燕诗并跋拓片，石刻已残

宋代桂林鹿鸣宴诗，除王正功这两首外，知名的还有范成大的一首，镌刻在伏波山还珠洞，诗云："维南吾国最多儒，耸观招招赴陇书。竹实秋风辞穴凤，桃花春浪脱渊鱼。月宫移种新栽桂，江水朝宗旧凿渠。况有龙头坊井在，明年应表第三间。"石刻在抗战中被毁大半，其旁今立有复制碑一块。还有张栻的一首，没有刻石，诗云："从昔山川夸八桂，只今文物盛南州。秋风万里携书剑，春日端门拜冕旒。圣世取才先实用，儒生报国岂身谋。且看廷策三千字，为写平时畎亩忧。"

以上四首鹿鸣宴诗，其主旨皆为祝贺、勉励，希望举子们来年春天高中进士，成为国家栋梁之才。其中范诗仅涉及人物，胜在以实际行动比附应举之记（栽桂树、复渠水）。张诗、王诗既涉及人物，还谈了山水，勉励的话也多是放之四海皆准的大道理，但二者又有不同。张诗首联以互文修辞手法讴歌桂林的人才、山水从古至今都很牛，一首诗搞掂。王诗则分成两首来抒情，第一首首联侧重人才，第二首首联专讲山水，其实就是对张诗首联的分而述之、详而表之。张诗首联适合制成楹联张挂起来，桂海碑林博物馆大门口现在挂的就是这一联语。王诗两首首联都是大白话，讲人物的没几个人记得了，讲山水的大放异彩。"桂林山水甲天下"，这句话直到今天仍是推介桂林最好的广告语。

王正功"桂林山水甲天下"诗句镌刻上石三十年后的宋绍定四年（公元1231年），在这年菊花绽放的时节（或即重阳节），以卓梼为首的一众在桂林做官的福建人喊出了"吾闽衣冠甲天下"这句话，并将其刻在象山水月洞。不谈山水谈为官之人，或说谈人才，卓梼等人另辟蹊径。卓梼等人题名石刻的内容是：

吾闽衣冠甲天下，游宦于桂林者一时为盛。经幕三山卓梼子用绍定辛卯菊节会同里二十有一人：同幕赵绿夫仲至、林致诚公著，宪幙李遇用之，漕幕陈梦庚景长、林应辰振老、赵希鄂仲韡、薛之鉴明叟，奉檄至者郭岳伯高、陈该一彦怀、方禹锡文瑞、李士炜华国、赵必取世颖、王震定东父、柯懋伯翘、林颢景程、林机次枢、郑公望希吕，调铨者陈士吉一卿、赵希璘宗美、陈应龙

"桂林山水甲天下"与"吾闽衣冠甲天下"

● 卓楞等二十一人水月洞题名拓片

● 卓楫等二十一人水月洞题名拓片局部

翔卿，联辔湘南，登千山，憩簪带，挹栖霞、七星之秀。薄莫，舍策泛舟，由龙隐涉訾洲，夷犹水月之下，把酒赋诗，人物与众山俱清，情无涯，而乐亦无涯也。

"吾闽衣冠甲天下，游宦于桂林者一时为盛"，这是卓楫发自内心的感叹，喜不自禁呀！作为桂林人，我希望我们在谈及"桂林山水甲天下"时，也能常常忆起卓楫等人说的"吾闽衣冠甲天下"。这件石刻中提及的21位在桂林为官的福建老乡，其中任职经幕（在经略安抚使幕府任职）的3人，任职宪幕（在提点刑狱幕府任职）的1人，任职漕幕（在转运使幕府任职）的4人，得到委任令来桂林走马上任的10人，根据考绩迁调官职的3人。这21位福建老乡、官场中人，纵情桂林山水间。他们先是骑马，后又泛舟，由白天畅游至傍晚。"由龙隐涉訾洲，夷犹水月之下，把酒赋诗，人物与众山俱清，情无涯，而乐亦无涯也。"乡情、游乐两无涯。

还记得我在《山水间，那些摩崖题名熠熠生辉》中介绍过的《熊飞等二十三人留春岩题名》石刻吗？23人中有20人就是在桂为官的福建老乡。试问：唐宋元明清以来，历代在广西为官的外地人哪家最强呢？据《广西石刻人名录》一书所载可知，福建以373人拔得头筹，江西以331人名列第二，浙江以304人位居第三。其中有宋一代，福建以229人排名第一，江西以170人、河南以142人分列第二、第三。由此可见，卓梼等人在游历桂林山水期间喊出"吾闽衣冠甲天下"是名副其实的，感觉是对的。大家都在暗暗较劲呢！

早在宋淳熙八年（公元1181年）八月，十二位在桂林做官的江西老乡"讲乡会于湘南楼，过弹子岩题名"。到了庆元四年（公元1198年），"江西诸公仕于广会桂林者，十有八人"，他们于同年"正月八日，集松关，之翛然亭，既而挐扁舟延缘过龙隐，为水石更酌，及暮，登新桥以归"。他们把记录这次游兴事的石刻刻于月牙山龙隐岩，之前我在石刻《董世仪等十九人龙隐岩题名》中已有介绍。卓梼等人这回在象山水月洞刻下"吾闽衣冠甲天下，游宦于桂林者一时为盛"云云，除了受到王正功"桂林山水甲天下"影响外，大抵也受了记录在桂林为官的江西老乡游历桂林山水的石刻的启发罢。

关于卓樗等人的这件题名石刻，有一点要着重指出来。文中的"经幙""宪幙""漕幙"之"幙"与"幕"写法是不同的，字的构件换了一种组合，上下结构变成了左右结构。其实，"幙""幕"，意思一样，只是石刻上写法不同，我们谨依石刻录文，以呈现古人真实面目。或许这也正是石刻书法的魅力所在。又比如宋代詹体仁等三人韶音洞题记石刻，其中有句云："属景瞻有移节江东之命，举酒相属，又使人不能无怅然。"两个"属"字，从石刻上可知，前一个写作"属"，后一个写作"屬"，也是一种变化。若一律写作"属"，就会少一些惊喜，特别是书法方面的感悟。再比如宋代张孝祥朝阳亭记石刻，其中有句："僧了元识公意，即其上为亭，面山俯江，据登揽之会。"登揽之"揽"字，石刻上写作"擥"，经查同"擥"，即"揽"字。这件石刻名气很大，不少人写相关文章时，可能都提到过它，引用过它的文字，但也许很少有人认真看过它。"登"字后面的是什么字呢？"登擥"？是不是只有这个时候我们才恍然有所思：我们曾经引用过这件石刻，但这是什么字呢？这样一来，好多人又得查字典了。

再从书法角度比较王正功劝驾诗石刻与卓樗等人题名石刻。前者行书，有论者评价说："碑文字字独立，字内连带，粗细变化明显，结构考究，书写随意流畅，暗合古法。"（敖朝军编著《八桂古刻 书史遗珍》）它与刻于龙隐岩的《王正功留题乳洞诗》石刻风格完全一样，为同一人书写。后者真书，结体宽博，布局茂密，有颜体之风。可惜石刻下部因经常被江水浸泡、冲刷，许多字迹剥蚀严重，不怎么看得清楚了。

孙觌北归题名之后

在桂林市独秀峰读书岩有一件宋代石刻，内容是："孙觌北归，提点刑狱董弅招经略安抚刘彦适、转运副使陈兖、转运判官赵子岩饯于蒙亭。饭后，登铁牛寺塔，徒步入藏院，观无尽老人画像、初寮道人书榜、读书岩所刻五咏，晚集于静寄。绍兴四年十月十七日。"这件镌刻于独秀峰读书岩、名为《孙觌等五人读书岩题名》的摩崖石刻今已无存，但有拓片可观。高80厘米，宽95厘米。行书，字径7厘米。这件石刻内涵丰富，书法精良，值得推荐。

据张鸣凤《桂故》卷七"游寓"之"孙觌"条："孙觌，字仲益，毗陵人。早以文得名，其四六与同时汪藻并出诸著作右。觌以罪谪归州后，再安置象州，则坐尹临安无廉声焉。比蒙赦还，刘彦适、董弅诸人招游诸山，觌自纪游于铁牛寺、藏院，观无尽老人画像、初寮道人所题榜。无尽老人乃故相张商英，初寮则王安中也。商英盖未至桂，僧院以商英素事佛，故多绘其像。安中先觌亦安置象州。或曰安中所题榜，即今独秀山有'宋颜公读书岩'数字，则其篆也。安中亦文士。"该条介绍了孙觌、无尽老

● 孙觌等五人读书岩题名拓片，翻拍

人、初寮道人的基本情况。孙觌，虽曾官至吏部、户部尚书，但官声太差，诽谤岳飞、诋毁李纲，特别是代钦宗写降书，更是臭名远扬，为人不齿，被朱熹以《记孙觌事》一文讽刺得体无完肤。在临安知府任上，又因贪污军款，于绍兴二年（公元1132年）贬谪象州羁管。两年后放还。途经桂林时，广南西路的主要官员刘彦适（字立道）、董弅（字令升）、陈兖（字景渊）、赵子岩（字少隐）"以其有时名，乐与之游"，陪孙觌游览桂林山水。孙觌也很高兴，在桂林一待就是三个月。离别前的绍兴四年（公元1134年）十月十七日，刘彦适、董弅等人在蒙亭为孙觌饯别，《孙觌等五人读书岩题名》石刻记录的就是当天的饯别事。四天后，孙觌起身北归，大家又在八桂堂饯别。这还不算完，刘彦适还带领僚属送孙觌至灵川县甘棠渡口，再一次饯别。

在普陀山曾公岩还有一件题名石刻，是孙觌自象州放还，刚到桂林没多久，刘彦适等人陪同他游览的题名石刻，这件名为

● 刘彦适等五人同游曾公岩题名拓片

《刘彦适等五人同游曾公岩题名》的摩崖石刻高96厘米，宽108厘米。行书，字径10厘米。

　　以上两件题名石刻书法风格一致，结体紧凑，笔势精到凝练，为孙觌所书。孙觌是南宋著名书法家，幼年时即为苏轼所器重，其书法人称"大似苏公书"，今故宫博物院藏其尺牍多种，不过多是小字。以上题名石刻稍与尺牍不同，气象更为开阔。

　　关于《孙觌等五人读书岩题名》中提到的初寮道人书榜，尽管张鸣凤在《桂故》中有"或曰安中所题榜，即今独秀山有'宋颜公读书岩'数字，则其篆也"之语，但他在《桂胜》中又说："篆者不书名，疑即孙觌题名内云'初寮道人书榜'。初寮，则王安中所自号。不则孙览之镌也。"张鸣凤对读书岩上的"宋颜公读书岩"六篆字究竟是谁所镌，持不确定态度，或是王安中，或是孙览。窃以为是孙览。据孙览《五咏堂记》："余元祐五年被命承乏于此，视事累月，闻斯岩名，嘉延年好尚不凡，访求故迹，而荒崖断石，榛莽芜秽，殆不可见。乃命寺僧芟夷营葺之，创为堂轩，以面岩曲，而唐人名刻犹有存者，因镌其旁曰颜公读书岩。"文中所说唐人名刻是指唐代郑叔齐写的《独秀山新开石室记》，或许还有孟简的读书岩题名（已毁）。今日所见，位于《独秀山新开石室记》右旁的正是"宋颜公读书岩"六篆字，不过孙览文中所说较此则少一"宋"字。至此，关于"宋颜公读书岩"六篆字署名权看起来是解决了，但由此又引发另一问题：《孙觌等五人读书岩题名》中提及的初寮道人书榜，其内容究竟是什么呢？不得而知了。另，初寮道人的书法面貌究竟又是怎样的呢？

● 未署名书"宋颜公读书岩"六篆字石刻

要直观地了解初寮道人亦即王安中的书法面貌，我们可以去柳州马鞍山看看。

在柳州马鞍山（宋代称仙弈山）西麓山道旁，镌刻有王安中撰文并书写的《新殿记》，其内容是：

新殿记 北岳王安中撰并书 元祐三年，始以柳州灵泉寺为十方。崇宁中，改曰天宁万寿禅寺。柳治水北几五百年，灵泉在水南立鱼山趾，寺蔽于仙弈之腋。唐刺史柳侯记二山水石、洞穴、鱼鸟、草木最详，寺独不录，又不得例大云见于它文。问之父老，昔盖陋甚。自变律为禅，乃始大作门堂楼殿，欲以冠冕南方，未记者十一。建炎初，住持僧觉昕见初寮道人王安中于象郡，且求记，即应之曰："昕尝从真如慕喆游京师，居法云、慧林、智海诸禅，能髣髴乎？吾将观焉。"后六年，果至柳，而殿适成。先是，丞相仪真吴公登后山面立鱼而笑，有得于华亭离钓三寸之意。昕为作钓轩山上。安中从公与丞相新安汪公，凭轩俯视殿宇而壮之，以为广右第一。呜呼！佛法出西域而盛于东土，禅学出岭南而盛于中州。今西域浮图氏至中国者，无复腾、兰、达磨之流，而岭南禅者益少，塔庙荒芜。柳距京师六千里，独能于空山野水之间，兴此伟杰胜丽之观，移人心目，忘其去国之远，撞钟出迎，四方来栖之士，指以千计，是则希有。夫道法废兴，虽若有数，而愿力之至，为无不成，道岂远人乎哉？因大书其榜，曰能仁之殿。而说偈言：

南山古佛家灵泉，绀殿飞出玻瓈天。双龙戏珠扶屋椽，上有碧井垂青莲。王城梵宫堕目前，祥光夜烛骈柯川。楼钟横撞震大千，仙者辍弈鹤驾翩。石鱼立舞雷鼓阗，我来时从两貂蝉。父老惊叹相后先，号佛稽首愿力坚。泰一下趣羲和鞭，往迎两宫日驭旋，百神呵护敢不虔？尽岭南北际海壖，天河洗兵人晏眠。摧伏飓母扫瘴烟，普雨万国常丰年。

绍兴二年四月十七日，住持净悟大师觉昕刻石。桂林蒋善镌。

● 王安中撰《新殿记》石刻

该石刻拓片高227厘米，宽220厘米。真书，字径8.3厘米。文章记录了柳州马鞍山灵泉寺的建筑状况与宗教活动。绍兴初年，王安中与吴敏、汪伯彦游寓于柳州，称"寓柳三相"。寓柳期间，筑三相亭，建驾鹤书院，"观书论诗，款洽终日不倦"。王安中曾师从苏轼、晁说之问学。书法方面，周必大《平园集》称"初寮先生未冠时，及拜东坡于中山，笔精墨妙，宜有传授"；陶宗仪《书史会要》称"王初寮书法清俊"；曾敏行《独醒杂志》称"王履道安中初学东坡书，后仕于崇、观、政、宣间，颇更少习。南渡以来，复还其旧。尝见其晚年所书，真得东坡笔法者"；《皇宋书录》称王安中"书迹清俊，可以爱玩"。诸此种种，皆说明王安中书法造诣高超了得。这件《新殿记》石刻书法是其晚年之作，有着浓烈的苏轼风格。另外，在柳州驾鹤山西南面还有王安中题写的"竹里""驾鹤书院"榜书，皆为真书，由此似亦可反证桂林独秀峰读书岩上的"宋颜公读书岩"六篆字非初寮道人王安中所写。王安中要书榜的话，多数情况下可能也是写真书的。

"浪子宰相"和他的四世孙

宋建炎元年（公元1127年），人称"浪子宰相"的李邦彦以主和误国，责授建武军节度副使，浔州安置。建炎三年（公元1129年）闰八月十八日，李邦彦途经兴安，游览乳洞，写下《三洞记》一文，文中记载了为三洞起名的缘由。参校《大丞相李公书三洞记》残碑拓片、谢启昆《粤西金石略》与2002年版《兴安县志》所录内容，并斟酌句读后，兹录全文如下：

大丞相李公书三洞记（额）桂州兴安县之西南，有山崇峻，列嶂如屏，飞泉巨石，喷玉扫黛，松萝蔓翳，秀色可掬。中有三洞，高连浮云，俯瞰流壑，雾雨时至，神龙出游，真天下奇伟观也。里俗所传，得名甚陋，不足以称雄，因易而新之。其下者，巉岩轩豁，嵌窦如磨镌，源泉浑深。繇石磴而下，依山循流，之石喷激，竑然雷震，响溢群谷。意者苍鳞头角，蠢缩渊潜，欲奋而不得骋，因命之曰"喷雷"。中洞倚层崖之腹，幽旷而虚明。俯仰上下，云气出没，若霏烟之状，泠风袭肌，襟裳湿濡，浑然无尘氛浊恶之想，因命之曰"驻云"。上焉者，嵚岑嶒崒，据危

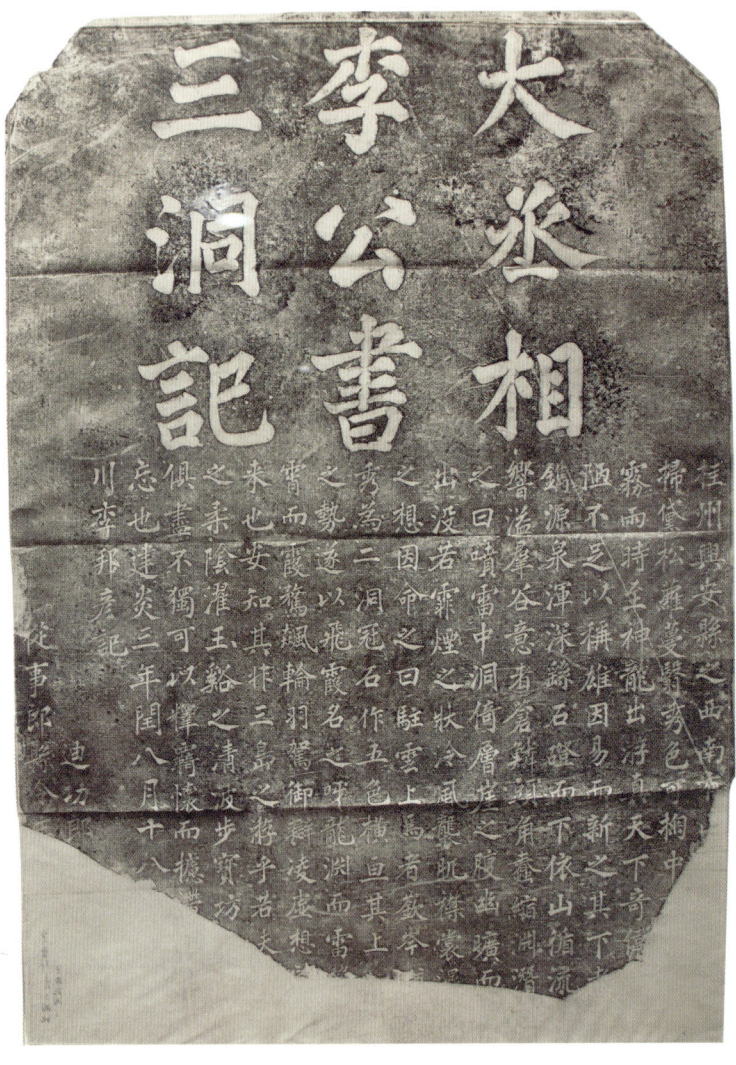

● 李邦彦书《三洞记》拓片，碑已无存

阻深，泉石之秀为二洞冠。石作五色，横亘其上，如飞梁，如华旌，有骞腾之势，遂以"飞霞"名之。呀龙渊而雷声，敞灵扉而云翔，直紫霄而霞骛，飙轮羽驾，御辩凌虚，想望于缥缈之间，则予之来也，安知其非三岛之游乎？若夫撷幽花之素香，荫修篁之柔阴，濯玉豀之清波，步宝坊之净界，则身世尘劳一洗俱尽。不独可以释羁怀而摅滞思，搜奇玩幽之士，宜不能忘也。

建炎三年闰八月十八日，责授建武军节度副使怀川李邦彦记。

迪功郎、县尉兼主簿曹禹功

从事郎、县令主管劝农公事曹摭

乳洞，位于兴安县城南九公里的董田村委茅坪村后的龙蟠山下，共有上、中、下三洞。北宋宰相李邦彦游历乳洞，嫌当地人取名太俗，特意将上、中、下三洞分别易名为"飞霞""驻云""喷雷"，既诗意又形象。120年后，李邦彦的四世孙李曾伯又将这三个美名磨崖上石，立于乳洞。前些年我探访乳洞，在上洞进洞口不远处的地面碎石丛中看到过"飞霞"碑刻的两块残片，犹见"飞霞"二字的部分笔画痕迹，字体真书。

关于《三洞记》的书法，敖朝军编著《八桂古刻 书史遗珍》称："碑额、碑文均楷书，书法法度谨严，结体匀停大方，开合有度，得柳公权楷书之神韵。"

李邦彦在桂林期间，书刻有三件题榜作品，分别是位于月牙山龙隐岩的"龙隐岩"三大字、位于普陀山栖霞洞口的"栖霞洞"三大字和位于清秀山清秀岩的"清秀岩"三大字。其中,"龙隐岩"高73厘米,宽170厘米。行书,字径42厘米。这三件题榜书作中,"栖霞洞"距离地面最高,所在石壁颜色暗淡,不注意寻找难以发现。"清秀岩"处于毫无遮挡的石壁,常年的雨侵风吹,实地看也难以看清楚笔画,至于款识"李士美"三字,已剥蚀殆尽。保存最好的就是"龙隐岩"三大字,笔势灵动,笔画厚重,既遒劲有力,又潇洒秀丽,怎么看都看不出来是一个被贬谪之人写出来的。我以为它是龙隐岩里所有写"龙隐岩"三字榜书中写得最潇洒、最活泼有趣的,我每次到龙隐岩都会抵前观摩一番。桂海碑林博物馆编撰《桂林石刻书法选集(唐宋卷)》称:"其书法用笔遒劲,结体灵动,书势大气开放,受米芾书风影响。"

● 李士美书"龙隐岩"三大字石刻

李邦彦于建炎四年（公元1130年）卒于桂林。据民国版《灵川县志》："宋太宰李邦彦墓在县西三里龙田岩之南，墓碑两石相合，字在内，神道碑高一丈。"2020年4月24日，由素有"三街通"雅号的庾亚洲老师带路，我和谭发胜、庞铁坚、文晓云等一行十数人赴灵川三街寻访李邦彦墓遗址。一行人踏碎石穿草莽过荆棘，由山麓循小径而上龙田岩。来之前庾老师说墓址就还剩一块"后土龙神位"石刻，是多年前他和人翻出来的，于是大家都很兴奋，上得山来，左寻右觅，却不见石刻踪影。现场有几座新坟，整个地势呈往山顶升高状，没看到大面积的平坦地面，看不出有李邦彦墓遗址的痕迹。据说以前有平整大石铺于地面，可现在全然了无痕迹，真让人悻悻。于是大家下山，折而向左，去看山麓的龙田岩。谁知蓁莽丛生，竟无路可寻，无缘得睹岩洞胜概。庞局铁坚先生想放个小飞机航拍，又担心风急吹坠，一行人在开山堆出的碎石坡上指点逡巡，未几而返。

李曾伯《可斋杂稿》卷二十三《跋商宣教携示先开国遗墨》云："昔先太宰以建炎己酉入浔，先开国以淳熙己酉在贺，不肖孙又以淳祐己酉来桂，百二十年间，祖孙六世而三临之。"可见李曾伯家族与广西的渊源。

李曾伯是李邦彦的四世孙，曾先后两次任职桂林。淳祐九年（公元1249年）知静江府兼经略安抚使，宝祐六年（公元1258年）以广南制置使再牧桂。淳祐十年二月中旬，李曾伯与宾客钱宏等人游览了龙隐岩，其间为先世李邦彦书"龙隐岩"三大字拂尘。这次游兴事就记录在摩崖石刻《李曾伯等九人游龙隐岩题记》中，

● 李曾伯等九人游龙隐岩题记石刻

石刻内容是:

　　河内李曾伯长孺,同宾客温陵钱宏声父、清湘赵畲夫俞仲、长沙杨允恭谦仲、弍山黄应龘叔震、眉山杨埏子西、临川邓淳德粹、衡阳陈弥寿仁父,以淳祐庚戌二月中澣来游。是日久雨初霁,风日和美,相与煮泉瀹茗而去。曾伯因为先世遗墨拂尘。期而不至者,巴郡税与权巽父。

　　石刻位于李邦彦书"龙隐岩"三大字上方,高57厘米,宽126厘米。篆书,字径8厘米。这件篆书作品与李曾伯有关,但书写者不详,用笔以中锋为主,线条细如铁丝,圆润流畅,结体内圆外方,布局疏密有致,实为宋代小篆之精品。

李曾伯第二次到桂林，主要任务之一就是修筑桂林城墙，以抵御蒙古铁骑的进犯。开庆改元（公元1259年），朝廷命令柴士表到广西视察边隘，竣事将还。这一年的六月二十六日，62岁的李曾伯约上宪仓丰苣、兵帅朱广用和朱焕，陪同柴士表一道，游览桂林西山。"载酒千山观，访招隐，过仙弈。感今怀昔，风物固无恙也。时火伞张空，水花醮碧，相与仿佯其间，清不受暑。"从镌刻在隐山北牖洞的诗句，我们可以看出李曾伯等五人当天的游兴之盛。不过，感今怀昔，风物本来就是无忧可言的，然而人的心情却已大不相同。李曾伯此次受命再来桂林"牧防南鄙"，战事已迫在眉睫。游览之初，李曾伯还很有自信，说："回首西风静，何愁老汉关。"在一旁的柴士表则提醒说："昨夜传消息，君王念玉关。"在一旁的门人丰苣见状，赶忙宽慰说："谭笑长城在，何人敢度关。"

从书法角度看，这件《李曾伯题隐山诗并记》石刻与它旁边的《赵庚等十四人同游北牖洞题名》石刻（刻于公元1201年），在书法风格上很相似，都有学苏轼的痕迹，用笔丰满，结体大方，共同不足是稍失潇洒纵横之气。

就在李曾伯、柴士表等人游览西山后的一个多月，蒙古军队在兀良合台的率领下，于八月出兵广西。"八月，犯横山。九月二十二日，薄我城下，幸壁垒具，将士用命，一鼓而殪贼前锋，遂引退，寨于数十里外。我师昼夜攻劫，大小十余捷，贼气顿沮。相持两旬，由间道而湘。亟遣兵追袭，一捷于黄沙，剪其渠魁，俘获甚众；再捷于衡山，剿杀几尽，贼不克逞以遁。阴山极北之寇，犯炎方宅南之境，狙伺二十年，驰骛数万里，拥众驱蛮而入，乃载籍所未有。向非桂城矻柱其冲，师武臣力，敌王所忾，广南亦岌岌甚矣！此皆宗社威灵，天人佑助，亿万载无疆之福也。"这是李曾伯在磨崖于宝积山华景洞的石刻《抗元纪功碑》中的记载。景定元年（公元1260年）四月，兀良合台回到上都，为元世祖摒弃不用；而李曾伯也于五月五日因"坐岭南闭城自守，不能备御"，被宋理宗落职解官。

李曾伯的石刻书法，迄今仍可见到的，还有位于南溪山白龙洞的《李曾伯题白龙洞诗并记》与位于伏波山还珠洞的《李曾伯游还珠洞题记》，风格与《李曾伯题隐山诗并记》一致。

● 李曾伯题隐山诗并记石刻

张孝祥：须君为我请长缨

张孝祥（公元1132—1170年）字安国，学者称于湖先生，宋历阳人。绍兴二十四年（公元1154年）进士第一，是宋高宗钦点的状元。南宋乾道元年（公元1165年）七月，张孝祥来到桂林，以集英殿修撰知静江府，兼广南西路经略安抚使。

任职桂林期间，张孝祥与提点刑狱张维关系最为要好。

"余昔为中都官，闻闽有贤令曰张君仲钦。闽之人歌舞之，去而思之。前年，余为建康，仲钦适通判府事。当涂阙守，余檄仲钦摄焉。居数月，余罢建康，仲钦亦代去。"（张孝祥《棠阴阁记》）说明张孝祥对张维的为官之道早有耳闻，且两人曾同在建康（今南京市）为官，张孝祥很器重张维。

"明年（公元1165年），余为桂州，仲钦以常参官十六人荐，为广西提点刑狱公事。又明年，余罢去，仲钦直秘阁，实代余。"张孝祥于乾道二年（公元1166年）四月十八日，被殿中侍御史王伯庠以"专事游宴"之名弹劾落职。落职后，张维继任，接替老朋友执掌广南西路。

"去年（公元1165年），余来桂林，仲钦提点广西狱事。下车一月,冒黄茅瘴,走二十五州,以扁舟渡海。吏士扣头,涕泣交谏。仲钦骞裳登舟,半济风作,舟师震骇,仲钦怡然不为动也。黜陟罢行,一皆考之民。民扶舆欢叫,以为百年未之见也。"(张孝祥《棠阴阁记》)张孝祥为我们刻画了一个恪尽职守、不畏艰难险阻的官员形象。

任职桂林期间,张孝祥、张维经常一同出游。"提点刑狱公事延平张维、经略安抚使历阳张孝祥,以会庆节祝圣寿于西山资庆寺。饭已,登超然亭。遂游中隐岩、白龙洞、刘公岩以归。客长乐郑颢、江文叔、黄杲、临川吴镒俱来。乾道元年九月廿二日。"这件石刻位于南溪山刘仙岩,是张孝祥留在桂林的第一件摩崖石刻。

● 张孝祥、张维等六人刘仙岩题记石刻

张孝祥很看重与张维之间的友谊,他把两人之间的这种友谊称为"岭表异日之雄观"。

乾道二年丙戌上巳日,张孝祥与张维、广西运判朱元顺来游象山水月洞。张维酷爱山水之胜,流连至天黑都不舍得离去。僧人了元会意,就在水月洞旁建了个亭子,亭子面山俯江,据登揽之会。五月晦,张孝祥又与张维、朱元顺来游水月洞,同来的还有临桂县令郭道深。当张维向张孝祥征求亭名时,张孝祥回忆了自己与张维同官建康时的友谊,并说明了自己为亭、岩、洞取名"朝阳"的原因:

余与仲钦顷同官建康,盖尝名其亭曰朝阳,而为之诗。非独以承晨曦之光,惟仲钦之学业足以凤鸣于天朝也。今亭适东乡,敢献亭之名亦以朝阳,而岩曰朝阳之岩,洞曰朝阳之洞。

早在四月十八日,张孝祥就被殿中侍御史王伯庠以"专事游宴"之名弹劾落职。如今当张孝祥因落职即将东归之际,张维置酒朝阳岩,为老朋友送行。张孝祥感慨良多,于是步在建康时赋张维朝阳亭诗韵作诗两首,第一首云:

空岩相望一牛鸣,不要邮签报水程。天接海光通外徼,地连冈势挟重城。丝纶叠至龙恩重,绣斧前驱蜑雾平。凤阁鸾台有虚位,请君从此振朝缨。

张孝祥《撰朝阳亭记》拓片

● 张孝祥赋朝阳亭诗拓片

尾联"凤阁鸾台有虚位,请君从此振朝缨"是祝福张维的。第二首云:

饥肠得酒作雷鸣,痛饮狂歌不自程。坐上波澜生健笔,归来钟鼓动岩城。不应此地淹鸿业,盍与吾君致太平。伏枥壮心犹未已,须君为我请长缨。

尾联"伏枥壮心犹未已,须君为我请长缨"是表达自己报国雄心的,可惜自己如今已报国无门。在《西江月·桂州同僚饯别》中,张孝祥写道:"窗户青红尚湿,主人已作归期。坐中宾客尽邹枚,盛事它年应记。别酒深深但劝,离歌缓缓休催。扁舟明日转清溪,好月相望千里。"就像把自己与张维之间的友谊称为"岭表异日雄观"一样,张孝祥把与桂州同僚之间的这次离别宴饮称为它年应当记取的"盛事"。有离情更见豪情。在《罢归呈同官》中,张孝祥写道:"岭水常时急,蛮山是处高。户输无翠羽,溪瘴有黄茅。游子归乡国,斯人滞冗曹。临分那忍别,风里鬓萧骚。"满纸离别情。在《过灵川寄张仲钦,兼赠王令尹》中有句:"官空无见俸,税重有荒田。太息王郎子,栖迟欲四年。"无限慨叹寓于其中。重过榕江滑石驿时,又次韵六言:"世事风经雨过,此身遇坎乘流。折腰不为五斗,辙环或遍九州。"表明心迹。在《炎关》中有句:"海月随人远,湘云似我闲。不须占紫气,游戏且人间。"有些消极。在《兴安》中有句:"已过炎关了,吾行且缓驱。"既是安慰自己,又似在向桂林友人报平安。

如今，位于象山水月洞的摩崖石刻《张孝祥撰朝阳亭记》《张孝祥赋朝阳亭诗》已成为桂林乃至广西石刻中的精品。张孝祥写朝阳亭记时，内心波澜起伏还不大，待到写朝阳亭诗时，我们明显可以从他书写整篇诗作的前后运笔、字的大小错落、字势倚让、牵丝映带、行气呼应等，看出一个人在书写时内心的波澜起伏、情感变化，特别是写到最后四句："不应此地淹鸿业，盍与吾君致太平。伏枥壮心犹未已，须君为我请长缨。"仿若笔力越发雄浑豪放，但见点画震动、行云流水、最后以一个草书的"缨"字末笔画一个弧形一挥而就。什么时候才能再为国效力呢？我感觉此时的张孝祥内心有一种悲壮的情怀。张孝祥是南宋著名的爱国词人，他曾于建康留守席上作《六州歌头·长淮望断》词，"歌阕，魏公（张浚）为罢席而入"。张孝祥只活了38岁，"孝宗惜之，有用才不尽之叹"。张栻在《祭于湖先生文》中更是大为感慨："嗟乎！如君而止斯耶？其英迈豪特之气，其复可得耶？其如长江、巨河奔逸汹涌，渺然无际，而独不见其东汇溟渤之时耶？又如骅骝、骏骎追风绝尘，一日千里，而独不见其日暮税驾之所耶？此栻所以痛之深、惜之至，而哭之悲也。"

此外，张孝祥在兴安乳洞书刻有"上清三洞"四大字，在融水老君洞书刻有"天下第一真仙之岩"八大字，也都是摩崖石刻榜书精品。

关于张孝祥书法，陆游《跋张安国家问》有句："紫微张舍人书帖为时所贵重，锦囊玉轴，无家无之。"王十朋称张孝祥"翰墨妙天下"（《梅溪文集》后集卷二七），曹勋称张孝祥传世名作草书《柴沟帖》"尤为清劲，如枯松折竹，架雪凌霜，超然自放于笔墨之外"（《松隐集》卷三十二《跋张安国草书》），朱熹称张孝祥"其作字多得古人用笔意"（《晦庵先生朱文公文集》卷八十四《跋张安国帖》）。南宋叶绍翁编撰的《四朝闻见录》中说宋高宗看到张孝祥的考卷，"字画遒劲，卓然颜鲁，上疑其为谪仙，亲擢首选"。《宋史·本传》说张孝祥"尤工翰墨，尝亲书奏劄，高宗见之，曰：'必将名世'"。至于宋孝宗赵昚，则更加酷爱张孝祥的书法。可以说，张孝祥书法名重一时。另，据《粤西金石略》引刘玉麐语评价镌刻于南溪山刘仙岩的《张孝祥撰桂林刘真人像赞并跋》石刻，说："张孝祥书，颇类苏玉局；下方跋语楷书，尤近十三行；旁侧题名小楷，甚似赵吴兴。刘仙岩中碑刻，当以此为第一。"这段话告诉我们，张孝祥题刘真人像赞的书法非常类似苏东坡的风格；下方的跋语楷书，与王献之《洛神赋十三行》极为相近；画像旁侧的小楷题名，则与赵孟𫖯的书法非常相似。刘玉麐认为张孝祥的这件刘真人像赞题跋石刻在刘仙岩所有碑刻中"为第一"，是最好的。

当然，我今天必须指出一点，刘玉麐当年看到的张孝祥撰桂林刘真人像赞并跋石刻，与我们今天看到的，二者不是一回事。刘玉麐看到的是碑石，我们今天看到的是摩崖，二者形制不同。碑石在清嘉庆六年（公元1801年）时"嵌入石壁中，碑已三断"，如今早已杳无踪迹。摩崖是明永乐九年（公元1411年）由八桂人宋琳重建，其上又被后人叠刻了画像赞语，属伪刻，并非张孝祥的书风。详情可参拙文《刘仲远像赞石刻再考》。

范成大：会有好事者，摩挲读苍苔

范成大和张孝祥是同年，同是绍兴二十四年（公元1154年）进士。如今说到张孝祥与范成大在桂林的石刻轶事，最为人津津乐道的就是二人围绕象山水月洞名的朝阳、水月之论。

就在张孝祥的《朝阳亭诗》《朝阳亭记》刻上象山水月洞七年之后，范成大来了。乾道九年（公元1173年），范成大知静江府兼广南西路经略安抚使。官职和当年张孝祥的一模一样。当年九月初，范成大来考察象山水月洞，针对张孝祥的石刻内容，写了一篇《复水月洞铭并序》，阐述自己希望恢复水月洞名的理由。石刻内容是：

复水月洞铭并序 水月洞，剡漓山之麓，梁空踞江，春水时至，湍流贯之。石门正圆，如满月涌，光景穿映，望之皎然，名实其实旧矣。近岁或以一时燕私，更其号朝阳，邦人弗从，且隐山东洞既曰朝阳矣，不应相重。乾道九年秋九月初吉，吴人范成

● 范成大《复水月洞铭并序》拓片

大、莆田人林光朝考古揆宜,俾复其旧。成大又为之铭,百世之后,尚无改也。铭曰:有嵌屏颜,中淙涨湍,水清石寒。圆魄在上,终古弗爽,如月斯望。漓山之英,漓江之灵,孋其嘉名。范子作颂,勒于巃嵸,水月之洞。

张孝祥将水月洞更名作朝阳洞,主要是基于他与张维的友谊。一是二人同在建康(今南京市)为官,张孝祥曾为张维命名朝阳亭;二是水月洞旁的亭子正好朝向东方,那是太阳升起的方向,所以叫朝阳亭也没问题;三是既然亭子叫朝阳了,干脆岩叫朝阳岩,洞叫朝阳洞。为此,张孝祥还特意写了"朝阳岩"三篆字刻于石壁，如今仅剩一"朝"字，其他字迹在清康熙年间舒书刻《象山记》时凿毁了。

范成大不同意张孝祥的做法，主要是从自然景观角度考虑的。一是水月洞名由来已久，确实也是名副其实，某人在酒桌上一时兴起就改名作朝阳洞，桂林百姓并不喜欢，不愿意这样称呼它，说明不得民心；二是隐山东洞已经叫朝阳洞了，不宜重名。这两点理由很充分。特别值得一提的是，范成大的《复水月洞铭并序》就刻在张孝祥的朝阳亭记和赋朝阳亭诗石刻的对面石壁上，给人一种针锋相对的感觉。我曾在现场仔细勘察，发现范成大《复水月洞铭并序》石刻凿掉了前人的一件石刻，也就是说，这里之前曾有一件石刻，现在被范刻占了。当年刻范文，选择这个地方，极有可能就是故意的，要与张记、张诗针锋相对，无怪乎现在人们喜欢将其誉为是范、张二人围绕水月洞名的一场"笔墨官司"。尽管事实上，围绕水月洞名，范、张二人并没有争，也没有辩，只是各说各话，写下自己的命名理由而已。范成大写《复水月洞铭并序》时，张孝祥已经故去四年了。

对于一个景观，究竟应该如何命名？见仁见智。你不能说张孝祥更名朝阳洞就是错的，范成大复名水月洞就是对的。从石刻上我发现，张孝祥更名朝阳洞后，也有人跟着称其为朝阳洞的，比如乾道三年（公元1167年），孙师圣、黄寿之等十二人"自七星联镳过程公岩，小集龙隐，泛舟由朝阳以归"。又如绍熙元年（公元1190年），吴宗旦与朱晞颜"冒雨泛舟游朝阳硐，以访水月"。除张孝祥、张维之外，整个南宋我只发现这两件称呼朝阳洞的摩崖石刻。从历史角度来看，还是范成大的复名有道理，至少我们今天还是称其为水月洞的。

从书法角度来看，范、张二人的书法风格相差很大。字体上一个是行草书、一个是真书。在前一篇短文中，我曾经提到，我们明显可以从张孝祥书写《朝阳亭诗》的前后运笔、字的大小错落、字势倚让、牵丝映带、行气呼应等，看出他在书写时内心的波澜起伏、情感变化，这也是行草书最擅长表现的。再看范成大的书法。《复水月洞铭并序》书法风格敦厚谨严，笔画粗壮厚重，笔力内敛雄强，布局疏朗开阔，行列对称，与张孝祥的相比差别很大。《八桂古刻 书史遗珍》称其"碑文书法苍劲雄浑，气势磅礴，结构严谨，用笔稳健，表现出典型的颜柳唐碑遗风"；《读石观史——桂林书法石刻网络展》称其"兼具颜柳之遗风，用笔工稳劲健，线条苍劲浑厚，结体规整严谨，气势磅礴"。位于栖霞洞口的范成大的另一件真书作品《碧虚铭并序》以及位于兴安县乳洞中洞的《范成大等二十人乳洞题名》，也都体现了同样的书法风格。后人称赞范成大在桂林的石刻书法"玉润珠辉，方流圆折，清而腴，丽而雅"，誉为"公书为南渡后第一，摩崖碑版，大书深刻，无逾公者"，也是特别的厚爱了。

范成大在桂林留下好些摩崖石刻，比如与章潭二人携家同登七星山的真书题名，与郑丙等四人同集壶天观的行书题名，与郑少融、赵养民等四人的栖霞洞真书题名，撰壶天观铭并序的真书文、屏风岩行书题名、吕公岩真书题名，等等，如今皆已毁；与郑丙、杜易游龙隐岩的隶书题记又剥蚀严重，酹别碧虚的行书题

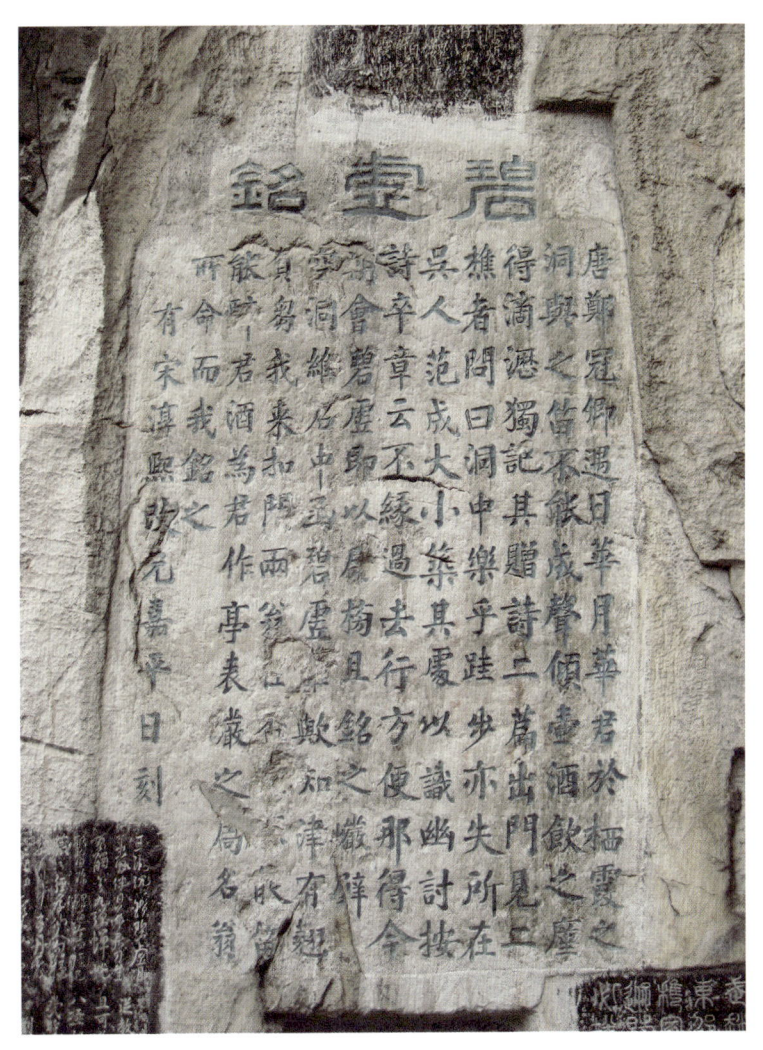

范成大：会有好事者，摩挲读苍苔　151

● 范成大撰《碧虚铭并序》石刻

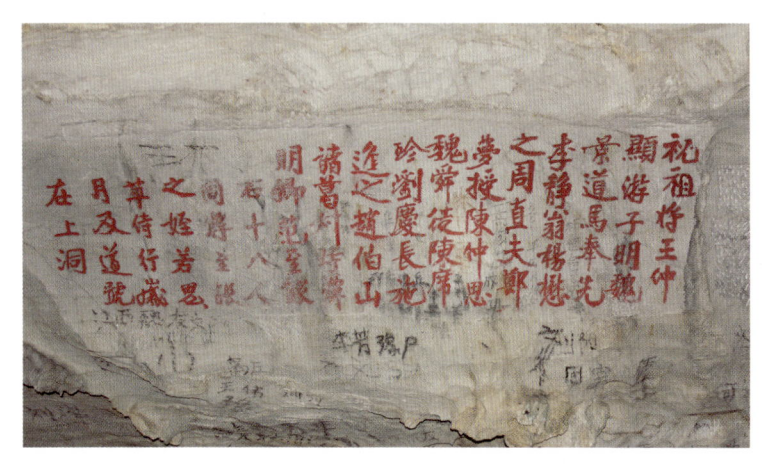

● 范成大等二十人乳洞题名石刻

名碑面被损近半，实在可惜，如今想要近距离观摩，要么不可能，要么十分困难了。至于刻于乳洞上洞内范成大一行人的"岁月及道号"石刻，我曾前往寻找多次，最终都一无所获。刻于下洞的范成大乳洞题诗石刻，也无存了，真让人叹息。范成大在《兴安乳洞有上中下三岩，妙绝南州，率同僚饯别者二十一人游之》诗中写有："向闻乳洞胜，出岭更徘徊。"表达对乳洞的喜爱。只是诗题中明白写有"率同僚饯别者二十一人游之"，可题名石刻中数来数去也只有二十人。该诗最后四句云："岁月可无纪，三洞俱靡崖。会有好事者，摩挲读苍苔。"今天，我们这些"好事者"在乳洞三洞内徐行之，细察之，扪崖剔藓，屏气凝神，希望能有所斩获。遗憾的是，如今仅有中洞的范成大等人题名石刻还在。

范成大在南宋以"近世之能书者"见称于时，宋人评范成大书法云:"字学山谷、米老,韵胜不逮而劲健可观。"明人亦云:"出入眉山、豫章间,有米颠笔,圆熟遒丽,生意郁然。"真是说得太好了!本书中我们还曾提到过范成大的《鹿鸣燕诗》石刻,位于伏波山还珠洞,民国年间开防空洞,该摩崖大部分被炸毁。今人评价其《鹿鸣燕诗》石刻书法,说:"其书法笔法活泼,气度上则清劲雅丽,生意郁然,可视为范成大行书代表作之一。"

淳熙二年(公元1175年)正月,范成大离开桂林,赴成都出任四川制置使。他在桂林任职前后将近两年时间,广西特别是桂林的山水、风俗、物产等,都给范成大留下了深刻印象。在赴任成都途中,范成大写了《桂海虞衡志》,这是他留给广西、留给桂林的一份既宝贵且厚重的文化遗产。

梁安世与徐梦莘：书法之美 同年之光

  梁安世与徐梦莘是同年，同是绍兴二十四年（公元1154年）进士。他俩和张孝祥、范成大也是同年，与杨万里、虞允文也是同年。如果不是秦桧从中作梗，他们的同年极有可能还会增加一个后来大名鼎鼎的陆游。

  梁安世，字次张，号远堂，宋栝苍（今浙江丽水）人。据钟振振考证，梁生于绍兴五年（公元1135年），非"六年"，所以中进士时是19岁，那真是了不起。相比同年张孝祥、范成大，梁安世在桂林的官做得稍小一点，但也是南宋时地方上的"三驾马车"之一。淳熙六年（公元1179年）九月，梁安世自广东韶州知州擢升广南西路转运判官，成为南宋时地方上三大员（经略安抚使、转运判官、提点刑狱）之一。桂林的省春岩、栖霞洞、曾公岩、屏风岩、留春岩、还珠洞、龙隐洞等处，都留下了梁安世书刻的摩崖石刻。

  提起梁安世书刻的摩崖石刻，最为后人盛赞的就是刻于普陀山留春岩的《乳床赋》。《乳床赋》刻于左右并联的两个碑面上，每一碑面分五层刻碑文，每层每行四字，这样的布局是桂林石刻上仅见的，或与其赋文多是四字一句有关。碑面各高195厘米，

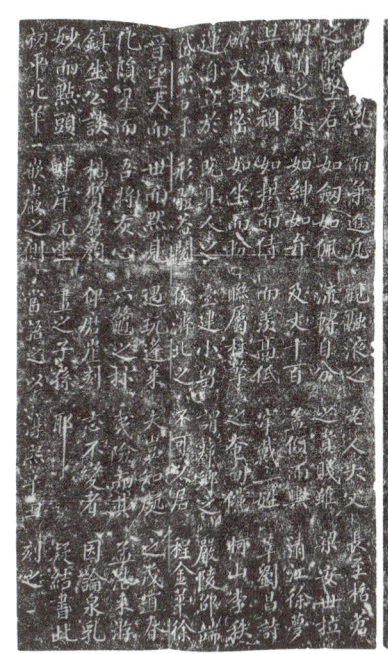

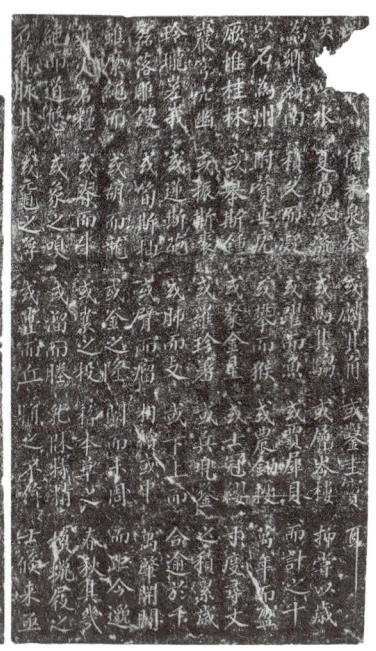

• 梁安世撰《乳床赋》拓片，翻拍

宽120厘米。真书，字径8厘米。笔画大多横细竖粗，用笔、结体皆充满颜体风貌，又多一份娟秀气息。特别是其中的"耳"字、"耶"字，独占一层，末笔处理成长长一竖，显得活泼可爱。《八桂古刻 书史遗珍》称其"用笔大开大合，恣意伸展；结构婀娜多姿，犹如少女翩翩起舞，可谓佳构"。这件石刻在"文革"期间因修人防工事，大部分被毁，只剩下数十字，非常可惜。好在还有旧拓片可观。1985年，桂海碑林博物馆据原拓本重刻，现立于该馆碑阁中。

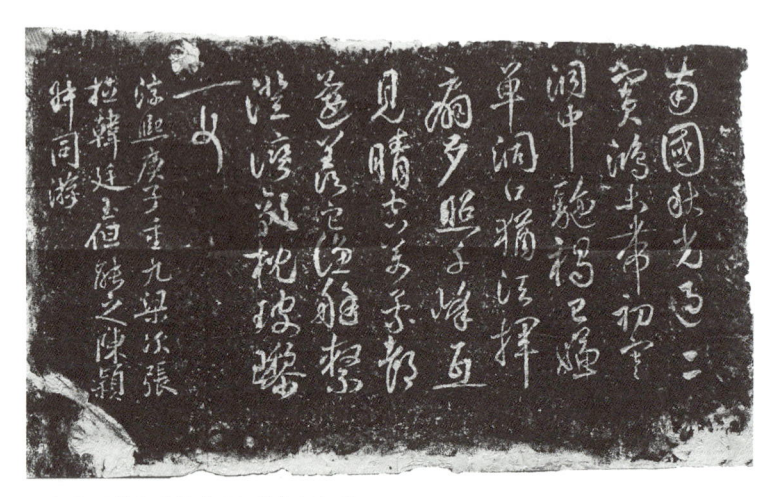

● 栖霞洞梁安世撰《西江月》词拓片

镌刻于普陀山栖霞洞口的《西江月·南国秋光过二》也是梁安世备受赞誉的一件摩崖石刻。石刻高47厘米，宽87厘米。草书，字径6厘米。跋字径3厘米。内容是：

南国秋光过二，宾鸿未带初寒。洞中驰褐已嫌单，洞口犹须挥扇。　夕照千峰互见，晴空万象都还。羡它渔艇系澄湾，欹枕玻璨一片。

淳熙庚子重九，梁次张拉韩廷玉、但能之、陈颖叔同游。

这是一首词，记录了重九时节栖霞洞内、洞口的气温差别，描写了夕照下桂林的山光水色，千峰林立，晴空万象，渔舟泊岸，意境悠远。特别值得一提的是，在桂林石刻中，题名题记，题诗作文，甚至镌刻军功，发布告示，诸如此类，不遑枚举。然而吊诡的是，题词却屈指可数——尽管文学史上有唐诗宋词之高峰，清词又有中兴之说——这是为何？梳理桂林石刻可知，镌刻于石头上的宋词仅有寥寥六首，梁安世占了两首，除栖霞洞口的这首题词外，另一首是位于还珠洞的题词《西江月·怪石虚悬象鼻》。其他四首分别是朱希颜的水月洞题词《南歌子·影落三秋月》、方信孺的龙隐岩题词《西江月·碧洞青崖著雨》、黄应武的南溪山玄岩题词《念奴娇·乾坤开辟》，以及曾宏正的水月洞题词《水调歌头·风月无尽藏》。我翻阅《桂胜》一书，发现张鸣凤对以上六首宋词均未采录。

桂林宋代草书摩崖石刻数量不多，梁安世《西江月·南国秋光过二》是其中佳作之一。《桂林石刻书法选集（唐宋卷）》称其"书法取法二王书风，字势连绵，笔断意连，有较强的艺术气息，可谓气势超然"。

梁安世还有一件真书摩崖石刻我很喜欢，就是刻于曾公岩的五人题名。书法风格与《乳床赋》一样，只是笔画线条更为厚重一些。题名内容是："淳熙辛丑立秋后一日，栝苍梁次张拉清江徐商老、浚仪邢之美、延平张子真、柯山李伯寅来游。当暑而寒，剧饮不醉。"宋代淳熙年间，时人游览桂林山水，留下了一批颇见生活情致的摩崖石刻，比如石刻上写的"觞行笑歌，声动岩谷"，"清兴有余，杯行无算"，"当暑而寒，剧饮不醉"，还有也是梁安世的另一件石刻，写"醉荷香而归"，等等，这些接地气的生活情致不正是当今许多人梦寐以求的吗？

梁安世在桂林屏风岩还有一件题诗并序石刻，在诗序中，梁安世说："留守、参政、大资范公，余同年进士也。往岁帅桂林，题刻最多，四方传之。暇日，尝与同僚遍观，因即公所名'壶天观'题数语。"诗歌批评了李彦弼为程邻写《大宋隆兑州记》摹刻上石，以粉饰功绩。可惜石刻今已不存——所有镌刻在屏风岩的石刻，包括范成大的《壶天观铭并序》、李彦弼的《大宋隆兑州记》、侯彭老的《程公岩记》等，如今都不存在了。

大家可能已经注意到了，梁安世《乳床赋》文末出现了一个"清江徐梦莘"，五人游曾公岩题名中出现了一个"清江徐商老"。徐梦莘，字商老，宋清江（今江西樟树）人。俊敏笃学，至忘饥渴寒暑。读书过眼辄不忘，通贯经史百家。他和张孝祥、范成大、梁安世是同年，都是绍兴二十四年进士。与范成大同岁，中进士时都是28岁。不过，徐梦莘的仕途比起张、范、梁三人，差距就大了。淳熙八年（公元1181年），55岁的徐梦莘出任广南西路转运司主管文字，此时，45岁的梁安世正在广南西路转运司任转运判官，是徐梦莘的上级。同年八月中旬，徐梦莘、李蹊等十二位江西老乡出游桂林山水，"讲乡会于湘南楼，过弹子岩题名，徐梦莘赋诗于后以识之"。诗的结尾四句："愿言各勉旃，事业要辉光。它日先上道，富贵无相忘。"勉励老乡们做出一番事业，同时也希望大家"苟富贵，毋相忘"，抱成一团，相互提携，希冀在仕途上能有所发展。

石刻《徐梦莘等十二人游弹子岩题名并诗》是徐梦莘留在桂林的难得的摩崖石刻，是其存世不多的书法作品之一。石刻位于

梁安世与徐梦莘：书法之美 同年之光

徐梦莘等十二人游弹子岩题名并诗拓片，翻拍普陀山弹子岩,高230厘米,宽138厘米,题名并诗均行书,字径4厘米。石刻书法用笔瘦健,结体挺拔,书势清劲生动,弥足珍贵。

淳熙八年九月,梁安世因受广西盐法事牵连,遭放罢。而徐梦莘在桂林期间,也不可避免地牵涉进广西盐法事的论争中,也为此受到了牵连,就在移知宾州时,到郡遭罢,主管武夷山冲佑观、华州云台观。

徐梦莘是南宋著名史学家,著作甚富,特别是其编著的《三朝北盟会编》,最为学者推重,是研究宋金历史的重要文献。

张栻：笔工劲利 清高闲雅

在桂林市象山水月洞有一件摩崖石刻，记录了南宋淳熙二年（公元1175年）中秋日，张栻、郑丙、赵善政三人同游水东诸岩，并于当晚泊舟水月洞的游兴事。石刻内容是：

淳熙乙未岁中秋日，广汉张敬夫约长乐郑少融、玉牒赵养民同游水东诸岩。薄莫，自松关放舟，泊水月洞。天宇清旷，月色佳甚，因书崖壁以纪胜概。

石刻高133厘米，宽87厘米。行书，字径11厘米。书法笔法娴熟，线条流畅、劲健有力，字势挺拔，结体紧凑，特别是一些飞白效果又镌刻得非常传神，是一件内容、形式结合得非常好的石刻作品。

张敬夫就是张栻（公元1133—1180年），字敬夫，号南轩，宋绵竹（今属四川）人。著名理学家、教育家、湖湘学派集大成者，与朱熹、吕祖谦合称"东南三贤"。淳熙二年接替范成大知静江府兼广南西路经略安抚使。在桂期间，修府学，课士子，注

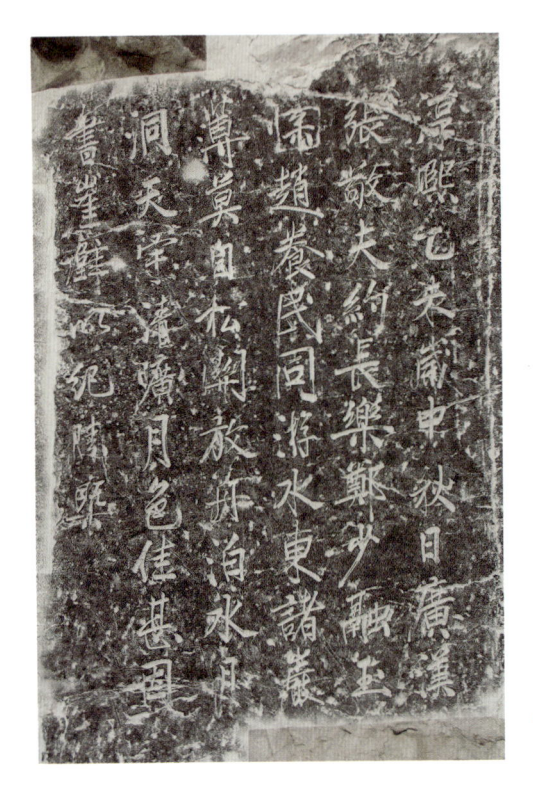

● 张栻等三人水月洞题名拓片

重文化教育；毁淫祠，立正祀，改变民风民俗；又在治事厅壁大书《论语·尧曰》章，警示幕僚。淳熙七年（公元1180年）二月卒于官，谥宣。学者称南轩先生。桂林南宋末年建有宣成书院，就是以张栻谥号"宣"和吕祖谦谥号"成"联合命名的。郑少融就是郑丙（公元1121—1194年），字少融，宋长乐人。绍兴十五年（公元1145年）进士。淳熙改元，继林光朝而任提点广西刑狱。

赵养民就是赵善政，字养民，宋宗室，居福建邵武。淳熙元年（公元1174年），除广南西路转运判官。

石刻上的这个中秋日是张栻主政广西后在桂林过的第一个中秋日。当天的同游详情，我们从张栻写的《八月既望，要详刑、护漕游水东。早饭碧虚，遍观栖霞、程、曾、龙隐诸岩，晚酌松关，放舟过水月洞。月色佳甚，逼夜分乃归，赋此纪游》诗的诗题中可见一斑。

关于这件石刻，其中"玉牒赵养民"之"玉牒"二字，谢启昆《粤西金石略》录作"玉□"，没有辨出来，在后来的一些著作中，又被录文作"玉怀"，但看拓片，显然不是"怀"字。这字写得有点古怪，特别是那个方框，线条纤弱，与其他笔画明显不同，仿佛是后来添加的。

直到2019年出版的《桂林石刻碑文集》方才识别为"玉牒"。我多番查证书法集子，似乎孙过庭草书"牒"字与石刻上的相比，从感觉上庶几近之。叶昌炽《语石》云："钱竹汀曰：'宋时宗室署名，往往称"玉牒"而不系姓。'"钱大昕认为宋宗室署名只称"玉牒"而不署赵姓。不过凡事皆有例外，比如这件石刻就称"玉牒赵养民"，还有刻于柳州的涂四友等率同僚登高上仙弈山石刻，则称"玉牒赵善迓守约"。

宋室南渡，宋宗室亦避地广西，或去到更为边远之地寓居、为官。赵善政养民、赵善恭作肃、赵善淇卫叔都是宗室兄弟，石刻题名的风格都蛮相像。比如："古汴赵善政养民罢权临贺郡丞，趋八桂，以乾道己丑二月十一日止富川，十三日拉邑宰共山张重起伯振、丞南城李绅元章、警开封石士强宗周、簿舒城阮瀚北海，自披云亭过碧云岩。伯振命酒小酌，款曲论情。是日也，风柔日暖，木秀花明，颇得一时之胜。拂石纪行，以为后日之省。汝奇、汝川、驹儿侍行。"这件石刻刻于富川。又比如："古汴赵善淇把麾此邦，真仙洞、老人岩，固已熟观其胜概矣。独玉华在城之西北四里而近，未至焉。又明年暮春之初，拉螺川李卿月、鄢山朱燮乘暇来登。喜其垂崖列峙，远岫横陈。洞门一石蜿而下如降龙，一石屹而起如存虎，真神仙之窟宅！于时惠风布暖，丝雨笼晴，穉木阴浓，珍禽声碎，一洗世间尘俗之气。是游也，觞咏之情甚适。男汝巉侍行。嘉定丙子三月七日识。"这件石刻刻于融水。这两件宋宗室的摩崖石刻都是宋代优秀的游记石刻。

从书法角度来说，位于隐山北牖洞的《张栻书"招隐"二大字并记》石刻留给我的印象深刻。一是保存完好，不需要拓片就可以清晰看到一笔一画。二是题榜"招隐"二大字笔画粗壮，笔力遒劲，书风粗犷，颇有米芾书风神韵，而且飞白效果镌刻传神。三是下方记文字迹娟秀，与"招隐"二字形成鲜明反差。记文书风和刻于普陀山曾公岩的《张栻、周椿等十四人题名》石刻一样。从尺寸上看，"招隐"与记文在当时书写时，极有可能是布局成长横幅手卷式的，只是镌刻时根据碑面实际，处理成了上下两个段落。另外，需要指出的是，清乾隆末年，李宜民营缮隐山，将古刻加深，该作品中廖季能之"季"字被误刻作"重"字，以致嘉庆《广西通志·金石略》录文时，录作了"廖重能"。目前，我们能看到的最早明确提及桂林西湖的摩崖石刻就是《张栻书"招

张栻书"招隐"二大字并记石刻

隐"二大字并记》石刻。

张栻离开桂林六年后,他的弟子也是后任者詹仪之,为了整肃吏治,将张栻书于桂林郡治事厅的《论语·尧曰》章刻于普陀山弹子岩,"俾凡临民者皆得目击心存,力行无倦,庶不负圣人之训"。刻石使之永远流传,石刻名为《陈邕跋刻张栻书〈论语·尧曰〉章》。该石刻高307厘米,宽398厘米。真书,字径16厘米。陈邕跋语真书,字径5.5厘米。从中也大致可以看出当年静江府署治事厅的厅壁规模。关于其书法,《桂林石刻书法选集

● 陈邕跋刻张栻书《论语·尧曰》章石刻

(唐宋卷)》称:"石刻书法汲取魏碑的方拙之气,用笔醇厚而朴实,清矫拔俗,极为醒目。"《读石观史——桂林书法石刻网络展》说:"该作品形体有欧体之法度,严谨、端庄、规整,点画劲健挺拔,转折呈方折之态,具有碑体书法之韵味。"

张栻石刻如今尚能看到的,还有刻于虞山韶音洞的《韶音洞记》。高66厘米,宽172厘米。真书,字径2.7厘米。

张栻书法早年学其父,后融苏轼与欧阳询笔意,自成风格。论者称其书法笔工劲利,行体挺拔,字法紧俏,展现出清高闲雅之风,透露出深厚的儒家底蕴,是高尚人格修为与道德修养的有机统一。

詹仪之：摩崖题记精彩，书法亦精彩

詹仪之前后两次任职桂林，给桂林留下了十数件很好的摩崖石刻。所谓"很好"，首先表现在文学意味上，是优秀的短章小品。我在《北李南詹：宋代桂林石刻的双子星座》一文中说："在留存至今的宋代桂林石刻中，北宋李彦弼和南宋詹仪之的石刻作品给我留下了深刻印象。就特色鲜明这一点而言，我以为不妨将二人称为宋代桂林石刻的'双子星座'，或者简称'北李南詹'。"（见《桂林石刻探微》）其次，这些摩崖石刻的书法也不错。

詹仪之（公元1123—1189年），字体仁，宋桐庐（今属浙江）人。绍兴二十一年（公元1151年）进士。淳熙初知信州，时朱熹、吕祖谦在鹅湖论学，仪之从之游，往复问辨无虚日。后帅广东，论广盐官鬻之弊，孝宗韪之，除吏部侍郎。淳熙五年（公元1178年）为广西转运判官，淳熙十年（公元1183年）知静江府。在桂甚久，诸岩多所镌石。任职期间，革广盐官鬻弊。后中飞语，谪袁州，归卒。

詹仪之在桂林的摩崖石刻，遍及叠彩山、隐山、雉山、虞山、七星山、伏波山等处。我从其存留的12件石刻中挑出5件，按时间先后列次于下,并附上石刻拓片,作简要介绍、注释,以供大家欣赏。

詹仪之等五人游叠彩山题名

淳熙戊戌春分日,桐庐詹仪之体仁与僚属来游。王稌登叟、王俊仲珏、周邦弼直卿、郑鄏梦授。

● 詹仪之等五人游叠彩山题名拓片

按：这是詹仪之任职广西转运判官时，在桂林留下的第一件摩崖石刻。淳熙戊戌，即淳熙五年（公元1178年）。春分日是指春季九十天的中分点，一般在每年的3月21日后，即农历二月下旬。石刻中提到的郑梦授，在早几年范成大离桂赴蜀任职时，他与同僚先是送至兴安乳洞，后又与陈仲思、陈席珍、李静翁、周直夫四人追送至全州罗江，分袂而别。范成大说："相送不忍别，更行一程路。情知不可留，犹胜轻别去。……把酒不能觞，有泪若儿女。修程各著鞭，慷慨中夜舞。"

詹仪之等六人还珠洞题记

淳熙十有一年春二月己巳，桐庐詹仪之体仁，以休沐招其属谭惟寅、滕填、邓元、邓升卿、马承规游叠彩岩，啜茗于越亭，还观癸水，三酹水亭之上。兴未已，改席还珠洞，欢恰。因念昔游会稽，观岩壑之胜，得句曰"目力到处皆新诗"，句虽警，篇未竟也。举以属客，俾各对景赋诗，日莫乃还。

按：这是詹仪之第二次到桂林任职后刻下的第一件摩崖石刻，詹仪之是于淳熙十年季秋，即九月到桂林的。到桂林第一件事就是进讨安化蛮蒙光渐等贼寇。据民国十九年（公元1930年）《遂安县志》卷十："臣仪之待罪桂林，以淳熙十年季秋到官。十二月癸酉，安化蛮蒙光渐等寇宜州境，掠省民，杀吏卒。……臣于是决意进讨，调发诸项军马，以本路钤辖沙世坚节制之，檄

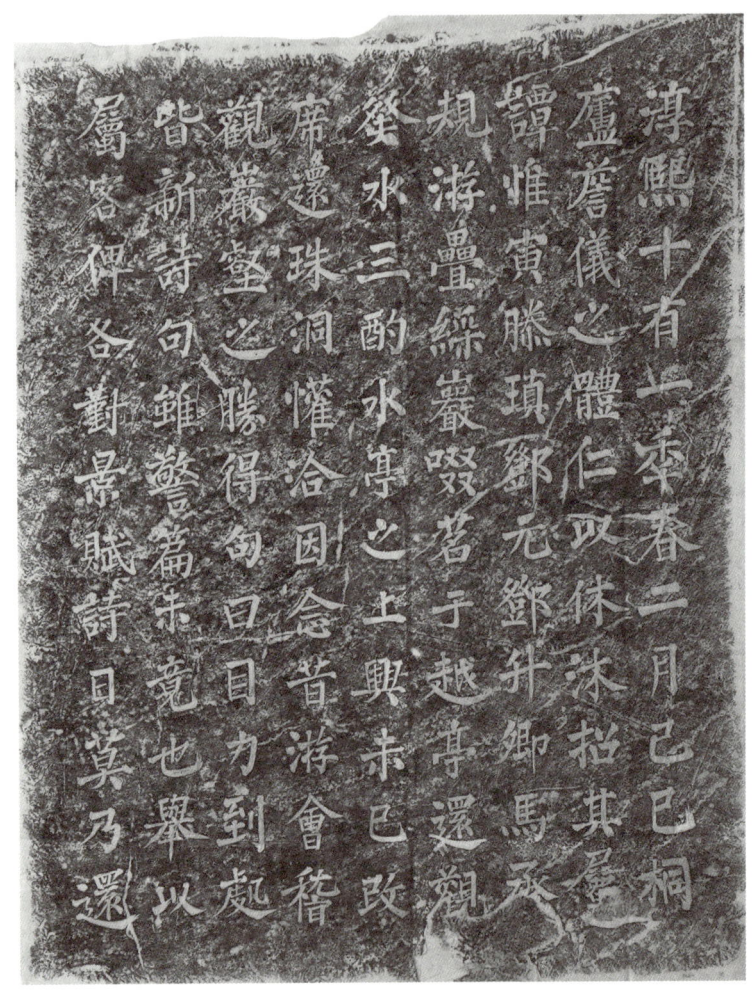

淳熙十有一年春二月己巳桐
廬詹儀之體仁双休沐挹其壻
譚惟寅賸頊鄧元鄧升卿馬丞
規游疊綵巖啜茗于越亭還觀
癸水三酌水亭之上興未已改
席邃珠洞憺㳷囘念首游會稽
觀巖堂之勝得句曰日力舉以
柴折詩句雖驚篇未竟也舉以
屬落伻各對景賦詩曰莫乃還

● 詹仪之等六人还珠洞题记拓片

提点刑狱熊飞督捕。正月，官兵既集，辛丑、甲寅两战大捷，贼始震惊奔溃，然犹惩往辙，且疑且阻。臣推广圣训，载饬军吏，退舍坚壁，开其自新之路。乃二月癸未，光渐等果诣军门，纳款乞降，给田输赋，比附内。"在二月癸未之前的二月己巳，即十五天前，詹仪之等六人游叠彩岩，啜茗于越亭，又改席还珠洞，兴致很高。

詹体仁、熊景瞻为胡彦温雉山饯行题记

肥乡胡彦温以职事约东提盐会议苍梧，桐庐詹体仁招三山熊景瞻饮饯于雉山之禊亭。雨余，江山如洗，樽俎无复暑气。检校陈迹，一别盖六年矣。纵步岩广，景物尤胜，劝酬欢甚，岂偶来还胜于特来耶？淳熙十有一年夏五月甲寅。

按：胡廷直，字彦温，宋肥乡人。淳熙九年（公元1182年），以奉议郎出为提举广南东路常平茶盐等事。十年，迁广南西路转运判官，兼提举盐事。时值广西盐法之议起，廷直仰主议者之意，以图希进，不顾同僚反对以及粤西地利所限，废除客钞，启用官般法，广西民食盐深受其弊。后廷直亦受其弊之扰而忧死。熊飞，字景瞻，宋闽县人。乾道二年（公元1166年）武举。淳熙九年，提点广西刑狱公事。十三年，知扬州。十五年，移知襄阳府，寻放罢。绍熙五年（公元1194年），知楚州。庆元二年（公元1196年）被降一官。熊飞任职广西提刑后，于淳熙九年暮秋初吉，

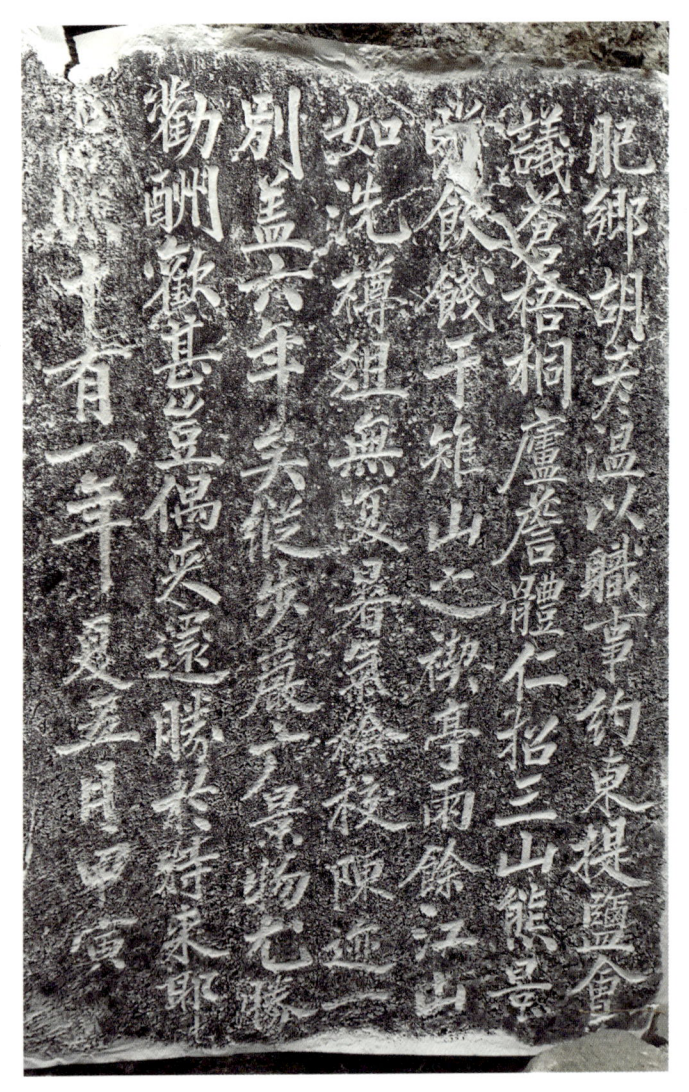

● 詹体仁、熊景瞻为胡彦温雉山饯行题记拓片

以宪事行部至桂林，与乡人宦游者会于桂林诸洞，以赓庚子之盟，并刻石于普陀山留春岩。詹仪之第一次在桂是从淳熙五年至六年（公元1178—1179年），然后离开，第二次在桂是从淳熙十年至十五年（公元1183—1188年）。"一别盖六年"的"六年"是指公元1178至1184。1178年春天，时任静江知府兼广西经略安抚使的张栻曾来游雉山，并写有《题雉岩禊亭诗》二首刻于碑石，立于雉山禊亭，即"一曲清江正可怜，隔江新竹露涓涓。好风成我曲肱梦，起看飞云度碧天"与"立春日，禊亭偶成"之"律回岁晚冰霜少，春到人间草木知。便觉眼前生意满，东风吹水绿差差"。估计时任广西转运判官的詹仪之也一同游了雉山，所以这里才会有"一别盖六年"的讲法。2019年11月，桂海碑林博物馆在雉山拓片，我第一次得以清楚看到这件钱行题记的字痕。我记得多年前，为了弄清楚该石刻第一行最末几个字到底是"东提亭"还是"东提盐"，我曾用双手刨开厚厚的腐叶堆积层，又用一瓶矿泉水清洗碑面……记忆犹新啊！

詹仪之等三人游龙隐岩题记

淳熙十三年冬十月己亥，桐庐詹仪之、开封王寅祖、姑苏孙绍远，职事之余来游龙隐岩。是日大风，重裘不暖，俯仰久之，毛骨为耸。

淳熙十三年冬十月己亥桐廬詹儀之開封王寅祖姑蘇孫紹遠職事之餘來游龍隱巖是日大風重裘不暖俯仰久之毛骨為聳

● 詹儀之等三人游龙隐岩题记拓片

按：这件石刻虽然只有短短50字，却很有宋代桂林石刻题记的特点，描写精简，颇见生活情趣，有画面感，有触手可及的历史质感。王寅祖，字仲寅，宋开封人。淳熙八年（公元1181年）知辰州，移知永州。十三年，擢提点广西刑狱公事。十五年，调福建路提点刑狱公事。绍兴元年致仕。孙绍远，字稽仲，宋平江府苏州人。淳熙十二年（公元1185年），除提举福建路常平等事。十三年，移广南西路转运判官。十五年，迁荆湖北路转运判官。绍熙二年（公元1191年），再迁福建路转运判官。三年致仕。

詹仪之等八人隐山北牖洞题记

桐庐詹仪之以寒食休务，约郡丞陈昭嗣、李晋，帅属周璟、滕瑱、唐庭坚、叶子义，郡文学陈邕，蚤饭榕溪阁，观青带、甘棠新桥，历览西湖、六洞之胜。时膏雨初霁，风日融怡，流、峙、动、植，触目会心，分韵赋诗，薄暮而返。淳熙十四年二月戊子。

按：陈昭嗣，字于晋，宋侯官人。绍兴二十七年（公元1157年）进士。淳熙十三年通判静江府。十五年，擢知钦州。榕溪阁，在张栻到桂前就已建有，张栻到桂时，榕溪阁已颓圮不堪，于是张栻重建并恢复了它的旧貌。青带桥，即今之阳桥。甘棠桥，位于城西南定西门外，即今之西门桥一带。据静江府城池图，宋代时，出威德门（今之古南门）往西南方向即可过一桥，横跨阳江之上，图上未标注名称，或应即詹仪之所说的甘棠桥，在今之西

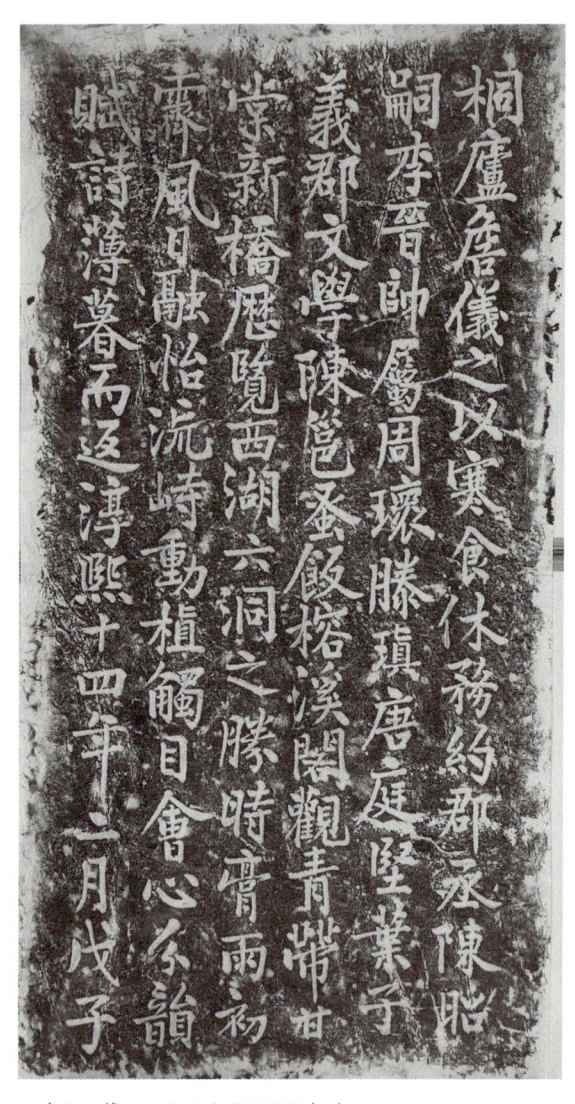

桐廬詹儀之以寒食休務約郡丞陳貽嗣李晉帥屬周環勝瑱唐庭堅葉子義郡文學陳邕登殿榕溪閣觀青帶甘棠新橋歷覽西湖六洞之勝時膏雨初霽風日融怡流峙動植觸目會心忘韻賦詩薄暮而返淳熙十四年二月戊子

● 詹儀之等八人隱山北牖洞題記拓片

门桥附近。风日,风与日,指天气、气候,犹风光。融怡,融洽、和乐、暖和。

詹仪之留在桂林的摩崖题记真是见性情、具情趣,文学韵味很浓。这些摩崖题记留住了古人在桂林山水间的游兴之事,充满了触手可及的历史质感。就书法而言,"其书法用笔凝重有力,结体沉稳端庄而不失流美"。

詹仪之先后两次为官桂林,最终因为广西盐事纷争而被裁除一切官职。宋代盐税的征取办法,大致分官鬻与通商两种方式。两种方法实质就是中央和地方的盐税分配。官鬻法即高度垄断的专卖法;通商法相比要自由一些。两种方法调节得当,国家收入就有保障;假如失衡,必会引起连锁反应。可以说,詹仪之成也盐政,败也盐政。

淳熙十三年,侍御史胡子远首论广西盐钞为民深害,皆由仪之附上罔下,乞行镌黜。于是,"召体仁赴行在(京城)",旋迁敷文阁待制,提举江州(庐山)太平兴国宫。淳熙十五年三月,又诏以体仁宣劳累载,升敷文阁直学士,又进直秘阁任。淳熙十六年(公元1189年)正月丙午,"诏体仁予在外宫观"。丙寅,诏体仁落职学士,罢宫祠,责授安远军节度行军司马(湖北),送袁州(江西宜春)安置。淳熙十六年二月,光宗继位,"念公故宫僚,许自便。既归而殁,公论惜之"。宗谱载:淳熙十六年七月丙寅终于正寝,享年六十七。阶朝请大夫,爵建德县开国伯,食邑八百户。十一月乙酉葬于县西新安乡芹下源。朱熹闻讣,于次年来詹仪之故里具位致奠,写了《祭詹侍郎文》。

朱希颜三跋刻之美

我要说的"朱希颜三跋刻"是指镌刻于桂林的摩崖石刻《朱希颜跋刻龙图梅公瘴说》《朱希颜跋刻石延年等十六人饯别题名》和《朱希颜跋刻洪内相高州石屏记》。主要是想呈现它们的"三跋刻之美",即书法之美、思想之美与文学之美。

先来说《朱希颜跋刻龙图梅公瘴说》。

石刻位于月牙山龙隐岩和龙隐洞之间的石壁上。高193厘米,宽120厘米。题额与正文、跋语皆隶书,额字径13厘米,文、跋字径3.3厘米。

这位朱希颜,曾先后两次为官广西,来到桂林,先是任广西转运判官,五年后任静江知府、广西经略安抚使。他在桂林一共留下16件石刻作品,文辞、诗歌、书法质量都很高,其中又以前述"三跋刻"最为人称道。

《朱希颜跋刻龙图梅公瘴说》是朱希颜第一次为官桂林时镌刻的。《龙图梅公瘴说》即《五瘴说》,是一篇优秀的议论文。作者是北宋名臣梅挚,《五瘴说》是梅挚出知昭州(今广西平乐)时撰写的。梅挚在文章里通过借喻南方的瘴气来抨击当时官场上贪

● 朱希颜跋刻梅挚《龙图梅公瘴说》石刻

官污吏的丑恶行为，提出"仕有五瘴"，即租赋之瘴、刑狱之瘴、饮食之瘴、货财之瘴、帷薄之瘴。梅挚认为官场上的这些瘴气比岭南自然界中的瘴气要厉害得多，"有一于此，民怨神怒，安者必病，病者必殒，虽在毂下亦不可免，何但远方而已。仕者或不自知，乃归咎于土瘴，不亦缪乎！"朱希颜将这篇文章跋刻在月牙山麓，并以自己的亲身经历告诉世人，岭南瘴气并不可怕。数百年来，这件石刻一直对仕人起着劝诫的作用。1963年3月24日，郭沫若到访桂林，在古南门榕树楼参观了桂林市部分出土文物和摩崖石刻拓片展。他在看到《朱希颜跋刻龙图梅公瘴说》拓片后，写下了"梅公瘴说警人心"的诗句。如今，这件石刻已成为我国反腐倡廉教育的最好样本。

石刻文字由布衣石俛书写。《桂林石刻书法选集（唐宋卷）》称其"书法用笔圆润轻松，结体舒展灵动，既保持了隶书的古朴典雅之态，又兼有宋人尚意书风的潇洒飘逸，表现了一种新的隶书风格"。《八桂古刻 书史遗珍》则称其"用笔方圆结合，憨态可掬。字体篆、隶、楷混搭，古朴典雅，端庄活泼"。《读石观史——桂林书法石刻网络展》称"该作品可属宋代隶书佳品之作，笔法方圆兼用，结体憨态可掬，融篆书、隶书、楷书于一体之中，古拙之中不失灵动，端庄之中不失洒脱之态"。

奇怪的是，当年张鸣凤编撰《桂胜》《桂故》时，对这件石刻竟然只字不提。张鸣凤对它左边的《李师中留别桂林诗》、下边的《桂林撤戍记》、右边的《易祓书"世节堂"三大字》和《吴猎书绍熙广西转运判官方公祠堂记》等石刻，要么采录了，要么提及了，特别是对《桂林撤戍记》文末人名被凿毁这个小细节，张鸣凤不仅注意到了，还提出了自己的分析与猜测，可对于眼前的《朱希颜跋刻龙图梅公瘴说》，他竟惜墨如金，我百思不得其解。

再来说《朱希颜跋刻石延年等十六人饯别题名》。

石刻位于月牙山龙隐岩。高111厘米，宽150厘米。题名真书，字径13厘米；署款字径4厘米。跋语行书，字径2厘米。这是朱希颜第二次为官桂林时镌刻的。

这件石刻的价值体现在两个方面，一是保存了北宋著名书法家石延年的书法作品，让世人能直观感受石延年的书法神韵；二是石刻上的跋语内容，可以纠正对朱希颜第二次为官广西具体时间的各种误读。

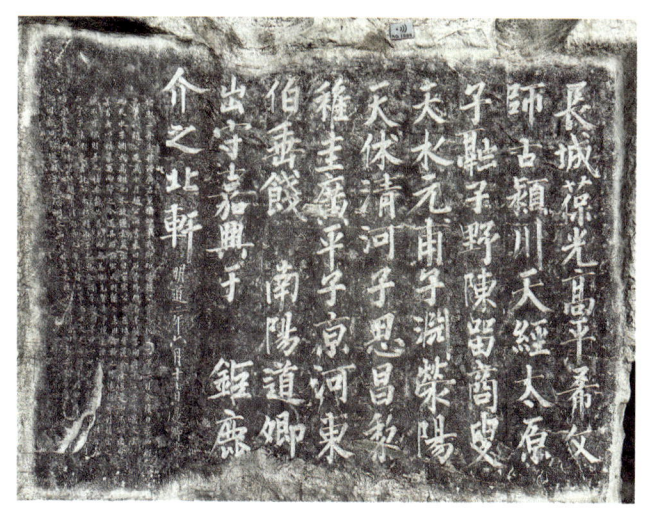

● 朱希颜跋刻石延年等十六人饯别题名石刻

这件石刻的跋语内容曾被钟乳石覆盖，仅可见末三行，因而嘉庆《广西通志》、光绪《临桂县志》均未能完整收录，而张鸣凤编撰《桂胜》时，甚至怀疑此钱别题名的内容是假的。清代著名学者钱大昕在《潜研堂金石文跋尾》续卷四中说："此刻当在汴都，久已不传。庆元初，新安朱晞颜转运广西，重刻于龙隐洞之石。"钱大昕也没弄清楚这件石刻的来龙去脉，认为是重刻的。直到1978年秋天，当时的桂林文博工作者谭发胜花了两个星期将被覆盖的朱跋全部清理出来，这件石刻的来龙去脉方才大白于世。谭老师告诉我说："1978年秋，我到龙隐岩校对碑刻，当时这个风景点还属于园林部门管理，是一位姓尹的老师傅住守此处，他打开锁给我进入岩内。在校碑过程中，我发现该题名被钟乳石覆盖部分或许可清理出来，于是用随身携带的大足刀试着清理了几个字。还好，被清理的字保存得十分完整。心想，被覆盖的内容，说不定会藏着这件石刻的什么秘密？于是心中狂喜。但覆盖的钟乳石质地很坚硬，操作十分困难，每天只能处理好十多字。凭着好奇心，花了两个星期的时间，总算弄完了。好在当年龙隐岩还未开放，每天进去后，尹师傅就把我锁在里面，无人干扰，直至下班才把我放出来。抄录文字后，回家细细琢磨其内容，果然不枉费这半个月的时光。为此，我还写了篇文章《〈石曼卿：钱叶道卿题名〉正名小议——兼谈朱希颜在桂林的题刻》登在《桂林文物》第四期中，从此该题名的来龙去脉大白于世。"

这则钱别题名讲的是，北宋明道二年（公元1033年）六月十七日，石延年（字曼卿，号葆光）、范仲淹（字希文）、王曾之弟王皞（字子融）、王质（子野）、赵良规（字元甫）、赵宗道（字子渊）、郑戬（字天休）、张知白之嗣子（字子思）、韩琦（字稚圭）、宋祁（字子京）、叶清臣（字道卿）、魏介（字介之）等十六人，聚集在河北钜鹿（巨鹿）的魏介宅中北轩宴饮，为即将出守秀州嘉兴的叶清臣饯行。这些人中，范仲淹和魏介是同年。叶清臣、郑戬和宋祁也是同年，而且后来走得更近，关系更为紧密，三人与同为天圣二年（公元1024年）进士的宋庠（宋祁哥哥）"趣尚既同，权势亦盛，时人谓之'四友'"。另外，范仲淹和郑戬还是僚婿，也就是我们常说的连襟。石刻上列名的高平师古、颍川天经、陈留商叟、河东伯垂，皆失其名。

石延年喜剧饮，世疑为酒仙。善书，书法笔画遒劲，欧阳修赞曰："（石曼卿）工于书，笔力遒劲，体兼颜柳。"范仲淹谓："曼卿之笔，颜筋柳骨，散落人间，宝为神物。"苏轼称："曼卿大字，愈大愈奇。"朱长文《墨池编》云："曼卿正书入妙品，尤喜题壁，不择纸笔，自然雄逸。"只是石延年书法传世极少，即便是一百多年后的南宋人都难得一见他的书法真迹，所以其书法被世人争相宝藏，视为"神物"，正如朱希颜在跋语中说的"曼卿词墨妙一世，片语只字流落人间者，率宝藏过珠璧"。这件饯别题名正是石延年书写的一件真书妙品，它不是明道二年六月十七日石曼卿书之原作（缣本）的原刻，而是石曼卿书之原作的摹写本（楮本）的原刻。据悉，这件饯别题名是现今国内唯一的石曼卿书法石刻作品，因此，尽管是据摹写本镌刻，但吉光片羽，弥足珍贵，亦能让后人一窥石曼卿书法之神韵。

至于朱跋,点画秀劲,结字趋扁,字势娟秀可爱,收放对比强烈,取法上追魏晋,亦古趣盎然。

最后讲《朱希颜跋刻洪内相高州石屏记》。

石刻亦位于月牙山龙隐岩。高54厘米,宽126厘米。行书,字径2.5厘米。《高州石屏记》是一篇集记事、志物、赋诗于一体的文章,记载了作者洪迈获得两屏珍贵的页岩树木化石的经过与喜悦心情。

朱希颜是洪迈的妹夫。绍熙五年(公元1194年)二月,朱希颜启程,第二次赴任桂林,途经江西鄱阳时,专程拜访了洪迈,抵桂后写《南歌子·影落三秋月》词记其事,并将词镌刻于象山水月洞。这件跋《高州石屏记》石刻是朱希颜第二次任职桂林期

● 朱希颜跋刻《洪内相高州石屏记》石刻

间镌刻的。布局上行疏字密,书风与《石延年等十六人饯别题名》之跋语相类,字字独立,劲健娟秀,《八桂古刻 书史遗珍》称其"字形多趋扁,结构精到,有苏轼余韵"。

关于朱希颜之名,上述"三跋刻"中分别写作"朱睎颜""朱希颜",而历来文献却多有写作"朱晞颜"的。朱希(睎)颜,字子困(古同渊)。希(睎)颜,就是仰慕孔子的弟子颜回之意;字子困(渊),与颜回字同,更是有意为之。而晞者乃干燥之意,与仰慕何干?具体辨析详情可参拙文《为朱希颜正名》。文献搞错了。明初有个官员杨焘,字仲举,号希颜,吴县人,官至礼部尚书。有《睎颜诗集》二册。陈欣在序中云:"若礼部尚书致仕杨公,其颜之徒欤?"这个姓名例子,说的也是一样的道理。

张釜：心开目明，归思为之顿释

关于张釜，《桂胜》录文误作"丹阳张金"，《桂林石刻》三卷本录文写作"丹阳张釜"，《桂林石刻总集辑校》录文亦写作"丹阳张釜"。《广西石刻人名录》《桂林石刻书法选集（唐宋卷）》《石语墨影：广西古代石刻选萃》介绍张釜时均说："张釜，字君量，丹阳（今江苏镇江）人。"其实石刻上写得清清楚楚："丹杨张釜"。此丹杨非彼丹阳，前者是河南的，后者是江苏的。

绍熙四年（公元1193年）秋，张釜以朝散大夫除广南西路转运判官。在桂期间，曾写《桂林山水七咏诗》，分别歌咏桂林的曾公岩、栖霞洞、龙隐洞、訾家洲、水月洞、慈氏阁、千山观。相比于七咏诗，张釜于绍熙五年（公元1194年）正月四日率宾僚游览桂林山水后写的一段题记更是让人印象深刻，这就是位于象山水月洞的《张釜等七人水月洞题记》石刻。石刻内容是：

丹杨张釜以绍熙甲寅正月四日，集宾僚庐陵胡槻、相台王思咏、吴门范藻、临川董居谊、新安汪楚材、郡人滑懋于报恩寺，之翛然亭。食已，泛舟龙隐，遂过訾家洲，访水月洞，登慈氏阁，从容竟日而归。桂林山水之胜，冠绝西南。易节此来，虽去乡益远，而公余登览，心开目明，归思为之顿释云。

● 张釜等七人水月洞题记拓片，翻拍

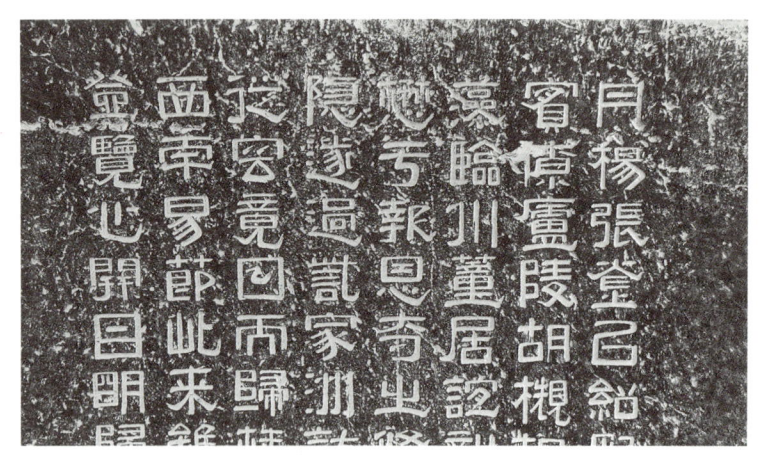

● 张釜等七人水月洞题记拓片局部

  石刻高210厘米，宽155厘米。隶书，字径12厘米。这件作品气势不凡，布局规整，疏密得当，书法用笔圆润丰满，结体方整敦厚，笔势灵动娟秀，体势兼以篆书，又给人以奇崛高峻之感，洵为广西石刻精品。

  关于桂林山水之胜，在张釜之前，李师中说："桂林，天下之胜处。"张洵说："桂林山水冠衡湘。"邓公衎说："桂林岩洞冠天下。"张孝祥说："桂林山水之胜甲东南。"范成大说："桂山之奇，宜为天下第一。"这些赞誉之辞流布很广，至于张釜之后的王正功说的"桂林山水甲天下"，那更是众所周知。

  同样众所周知的，是广西在古代素有"瘴疠之乡、蛮荒之地"之称，历来为贬官流放之地。地处其间，尽管桂林是"西南都府，所以为襟蛮带海用兵遣将之枢"（李彦弼《湘南楼记》），但并不表示古代的士大夫们就会自觉自愿地跑来桂林做官,"士人多畏往"啊! 即便到了桂林为官,其归思之情也是浓郁的。唐代桂管观察使元晦在《叠彩山记》中说的"又门阴构齐云亭,迥在西北,旷视天表,想望归途,北人此游,多轸乡思",在《四望山记》中说的"山名四望,故亭为销忧",皆是明证。

特别是岭南的瘴气,使得北人产生极大的心理恐惧。

范成大《桂海虞衡志》"杂志"一章云:"瘴,二广惟桂林无之,自是而南,皆瘴乡矣。瘴者,山岚水毒,与草莽沴气,郁勃蒸薰之所为也。其中人如疟状,治法虽多,常以附子为急须,不换金、正气散为通用。邕州、两江,水土尤恶,一岁无时无瘴,春曰青草瘴,夏曰黄梅瘴,六七月曰新禾瘴,八九月曰黄茅瘴。土人以黄茅瘴为尤毒。"这里解释了何为瘴,以及瘴的症状、治法、种类等。

古人如何怕瘴呢? 还是范成大,他给我们提供了一个鲜活的事例。范成大《骖鸾录》云:"二十八日,陆行,发余杭,与吴之兄弟妹侄及亲戚远送者别。皆曰:'君今过岭入厉土,何从数得安否问,此别是非常时比。'或曰:'君纵归,恐染瘴,必老且病矣。亦有御瘴药否?'其言悲焉。鸣泣且遮道,不肯令肩舆遂行。又新与老乳母作生死诀,一段凄怆,使文通复得梦笔作后赋,亦不能状也。"范成大出帅广右,但姻亲故人"皆以炎荒风土为戚"。"亦有御瘴药否?"什么都不问,唯独关心是否带了抵御瘴气的药物。

说到瘴气,人们第一个想到的当属梅挚的《五瘴说》,这篇文章写得太棒了，今人甚至将其誉为"反腐檄文"。北宋崇宁二年（公元1103年）正月，因得罪蔡京，邹浩被编管昭州。在昭州，邹浩作《读龙图梅公瘴说》诗："市门隐去不知年，蔽芾甘棠荫乐川。五瘴作时虽不染，一篇留诫指其然。直须镂版人皆与，庶使绵区病可痊。更有奇方公未说，上医医国许心传。"邹浩与梅挚皆可称为一代名臣，皆曾为官昭州（今广西平乐）。邹浩刚到昭州时，就见识了自然界中瘴气的恐怖一面：

予至之日，适又甚焉。素巾满郊廛，丧鼓连昼夜。故老言，数十年无有也。尝于苍埃白雾中，怪鸟正飞而堕，鸡豚狗彘正行而颠仆。问之他人，则曰："发瘴然也。"然随予居者，无一不染此疾。呼医治药，朝夕以之于其呻吟呕泄间。予形影兀兀，寝食几废。

不过，关于瘴气，我们不要忘记了前引范成大说的"瘴，二广惟桂林无之"这句话，这是他在桂林为官的亲身体会，亲眼所见。范成大来桂林做官之前，对桂林的了解是从唐代诗人杜甫、白居易、韩愈的诗歌中得来的，没有亲眼见识，等他到桂林后，"既至郡，则风气清淑，果如所闻。而岩岫之奇绝，习俗之醇古，府治之雄胜，又有过所闻者"。在《桂海虞衡志》"志岩洞"一章中，范成大又说："桂之千峰，皆旁无延缘，悉自平地崛然特立，玉笋瑶簪，森列无际。其怪且多如此，诚当为天下第一。……顷尝图其真形，寄吴中故人，盖无深信者，此未易以口舌争也。"

至此，范成大已经爱上了桂林山水。

其实早在唐代，与李白、杜甫同时代的任华在文章中就描述过桂林的山水风光，并有所感。他说："霜天如扫，低向朱崖。加以尖山万重，平地卓立，黑是铁色，锐如笔锋。复有阳江、桂江略军城而南走，喷入沧海，横浸三山。则中朝群公，岂知遐荒之外有如是山水？山水既尔，人亦其然。裒乎对此，与我分手，忘我尚可，岂得忘此山水哉？"言辞之中，饱含着对桂林山水的一片深情。

如今，我们从大量留存的石刻可知，桂林山水的奇崛秀丽最终也抚慰了北人的归思之情。比如北宋时，广西转运副使谭掞点评桂林龙隐岩洞，说："天下洞穴，类多幽阴，或远水，清韵不足。龙隐岩高而明，虚而有容，复临深溪，大概似碧落洞，而登览之富过之。"谭掞认为龙隐岩比家乡广东曲江的碧落洞更值得游观。又比如南宋时，静江知府、广西经略安抚使吕愿忠，与僚属游览了桂林中隐岩、白龙洞、刘仙岩后，感到"山水膏肓之兴未已"，于是两天后他们又"同至新洞，所见愈奇，真所谓倒餐甘蔗"。一群人忘情山水、自得其乐的情状跃然石上。特别是素有山水癖好的王补之于宋孝宗隆兴元年（公元1163年）途经桂林时，携家人游览桂林东郊名胜，在游览了栖霞洞之后，他大为感叹，说："信壶中有天，语非虚诞，又疑飞空步雾，乘风驾鹤而来，想海岛蓬宫不异此也。"

如今，轮到张釜登场了。绍熙五年正月四日，广西转运判官、河南丹杨人张釜率宾僚游览桂林山水，他的感受是："桂林山水之胜,冠绝西南。易节此来,虽去乡益远,而公余登览,心开目明,归思为之顿释云。"心开目明,归思顿释,桂林山水抚慰了张釜的乡愁。灵动娟秀且又奇崛高峻的隶书,又与文章内容相得益彰,令人印象深刻。

绍熙五年,张釜加直秘阁,知广州。宋宁宗庆元二年(公元1196年)正月,寓居桂林的洛阳人滑懋将珍藏的张釜写的《桂林山水七咏诗》亦即《随斋先生七咏诗》镌刻于龙隐岩。滑懋在跋语中说:"翰墨芒寒,照映圭筜,求观者迨今其未已。盖公之诗精深婉约,能写难状之景如在目前,含不尽之意见于言外,如前修所云者。故一言一句,人以争先睹之为快。是用镌诸岩石,以传示方来。"这件七咏诗石刻迄今保存完好,欢迎大家前来龙隐岩,观其诗歌,赏其书法。

陈谠：商野幽人梦，周南太史书

山水山水，游山玩水，对于自然界的这两大游观主题来说，山总是排在水的前面。

都说桂林山水甲天下，其实在王正功之前的上千年以及之后的七百多年里，古人兴致盎然游览的主要是桂林的山。至于游览漓江，更多的仅限于北起虞山、南至斗鸡山的这一段水域，而且主要是过江去到另一座山游观，水只是其中必须渡经的中介。像今天这样游览百里漓江且赞美为百里画廊的，几不可见，关键是硬件不行，古时候的漓江水急滩险，那时的船只难以胜任。"自出漓江，诸滩俱险，而马难尤甚。水当滩处，湍汹若飞矢。石尖尖错兀其底，溯流者篙竟日难上，顺流尤虞触石。滩旁复多汇深潭，其上岚气重遮，鼻中闻之，至不可忍。四野箐篁邃蔽，鸟栖绝少，时有二三水莺堕而前，昔人所称'仰视飞鸢跕跕堕水中'，盖实景也。"这是明代董传策的感受。所以，当我们今天吟诵着"桂林山水甲天下，绝妙漓江秋泛图"时，还得想到那时泛舟漓江的艰险。

那么游山游什么呢？自然是千奇百怪的岩洞了。

明万历二十二年（公元1594年），俞安期来游桂林山水，其间写了不少诗作。他在《桂林岩洞杂咏》的序言中说："昔人谓桂林山水甲天下，非以岩洞胜乎？岁甲午，余度岭，日与桂人士游宴江山。其峭壁削成，锐峰攒列，固云奇矣。然有山俱石，有石俱空。一山之间，至函数洞。或辟山巅，或次水际，或突窍幽回，或高昌朗彻。瑶浆葩石，竖立倒悬，罔不骇目悚神，恍惚若幻。凡此数十计，咸又汇列郭以内外不数里间。盖桂若岩洞之数，信宇内不复更有也。窃以游宴有咏，仅举其概，而岩洞诡异，岂遑备陈！乃取诸洞夙被名称者，各作小引，缀以短章。至有被名称而足迹未至、足迹既至而蔑有名称，与夫被名称而非娴雅，及别有专咏者，咸不及已。"

在俞安期看来，桂林山水甲天下，就胜在各种各样的岩洞。而称颂桂林的岩洞，南宋著名才子陈谠是其中一个。

陈谠字正仲，是福建仙游人，隆兴元年（公元1163年）进士。庆元元年（公元1195年），他以知延安县调浔州（今广西桂平）知州，于当年十一月下旬至广西转运司治所静江府（今广西桂林）注册，并转换委任文状。其间，由转运司及静江府僚属王宗孟等十二人陪同游览桂林水东诸岩，这期间陈谠写了《游桂林诸岩洞》诗，镌刻于桂林普陀山弹子岩口。诗云："地迥山奇怪，神仙喜穴居。百灵剜洞巧，五石补天余。商野幽人梦，周南太史书。心乎爱丘壑，胜处一踌躇。"陈谠工书法，大楷尤妙，《莆阳文献传》称"其大字遒劲处不减蔡君谟"。《书史会要》亦称"与张即之同时，并以书名"。这件《游桂林诸岩洞》诗石刻高146厘米，宽

陈谠：商野幽人梦，周南太史书

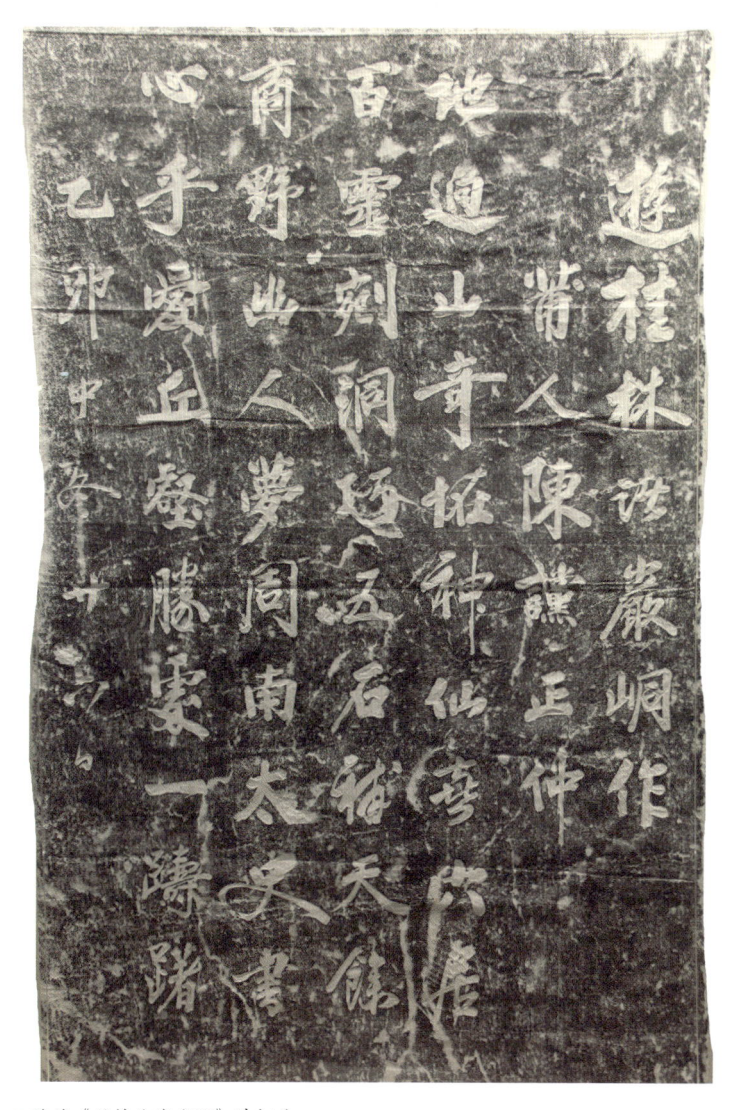

陈谠《游桂林诸岩洞》诗拓片

92厘米。行书，字径10厘米。年月款字径7厘米。《桂林石刻书法选集（唐宋卷）》称"其石刻书法用笔轻重对比明显，结体疏朗洒脱，书势雄健秀挺，兼有苏轼蕴藉的笔意和米芾潇洒的气势"。《八桂古刻 书史遗珍》则称其"碑文既有行书的流动和简省，亦有楷书的端庄和沉着。整篇寓拙于巧、似庄实谐，颇具意味"。拙著《桂林石刻探微》书名用字之"桂林"二字就取自其诗题。

关于诗中的"周南太史书"句，早前最流行的解释是："八百年前，南宋著名才子陈谠在遍游桂林诸山时，面对丰富多彩的石刻内容，发出了'周南太史书'的赞叹，将之与《诗经》和《史记》相媲美。"只是"周南太史书"真的是指陈谠将桂林石刻比作《诗经》和《史记》吗？

其实陈谠此诗是写桂林岩洞的，与桂林石刻没有丝毫关系，说陈谠大赞桂林石刻，将其与《诗经》《史记》相媲美，这一理解大错特错。

纵观诗题及整首诗，它就是写桂林岩洞的。诗题就不必说了。诗之首联是讲桂林的山很怪，怪在无山不有洞，大抵神仙都喜欢住在山洞里。颈联写桂林岩洞之巧，诸路神仙把桂林的山剜出一个个巧洞，就像是用女娲补天剩余的五色石炼成的。而颔联"商野幽人梦，周南太史书"是指作者在面对桂林诸多奇巧岩洞时的感发：这些奇巧的岩洞是隐逸之士做梦都想梦到的地方，是梦中之所；这些诡异的岩洞是值得羁旅他乡、寄居他乡的文人大书而表之的。就像他陈谠一样，作为一个福建人，来到桂林，在游览过这些岩洞之后，不由自主地就想要写诗以表之，写出自己

陈谠：商野幽人梦，周南太史书

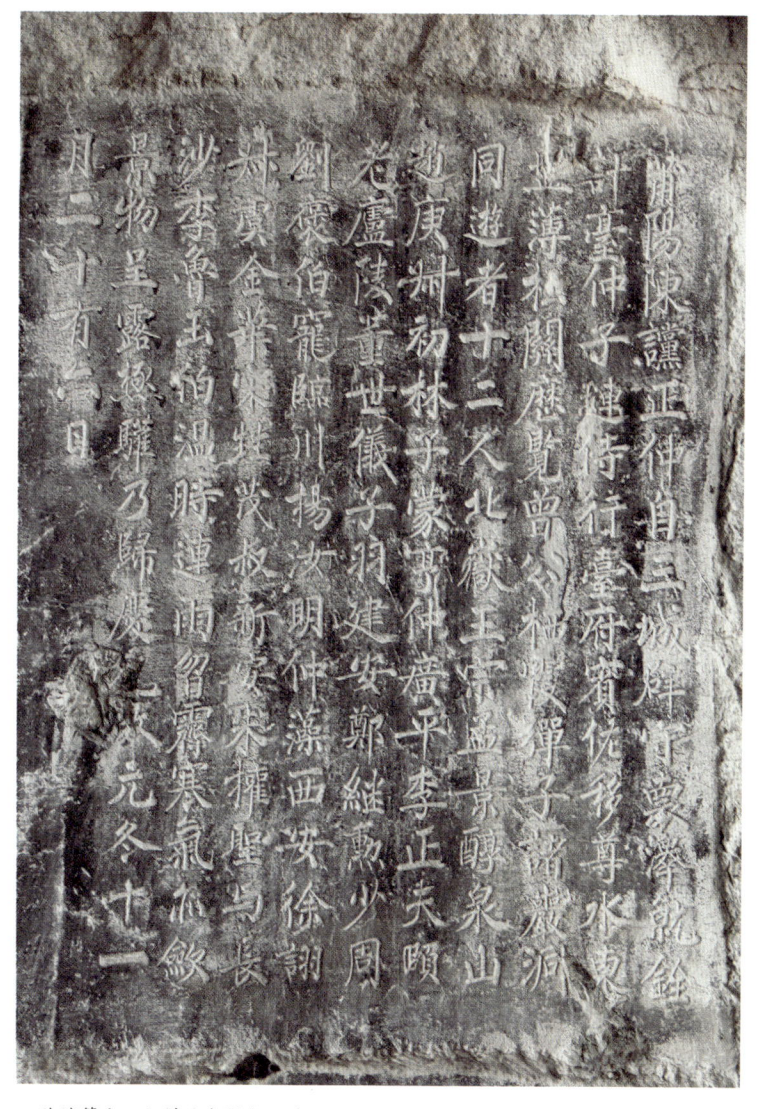

朐阳陈谠正仲自三城归觐瀑舍龙铎
计台仲子建侍行台府宾佐後尊水东
此薄松关历览曾公桧陵弹子诸岩洞
同游者十三人九嶷王守益景醇泉山
赵庚州初林子蒙可仲酱平李正夫颐
老庐陵董世仪子门建安郑继熙少周
刘硕伯宠临川杨汝明仲藻西安徐翊
林项金华洪坦笑攸新安朱摧堃山长
沙李鲁玉伯温肘连雨留霁寒气未敛
景物呈露枫罐乃归淳熙元冬十一
月二十有二日

● 陈谠等十四人弹子岩题名石刻

的感受，并将诗刻在岩石上，以供后人观瞻。这两句诗谈的还是桂林岩洞，并不是桂林石刻。其中"商野幽人"用的或许是傅岩的典故，说隐逸之士傅说隐居于商之野傅岩；"周南太史"用的是司马迁父亲司马谈的典故，以表达桂林岩洞值得史家大书特书，值得载入史册之意。至于尾联，它是说陈谠内心里十分喜欢幽美山水，"心乎爱丘壑"，就像陶渊明说的"性本爱丘山"。如今在桂林见到这么多奇巧的岩洞，见到这么幽美的山水，真是令人留连忘返，徘徊不前，此即"胜处一踌躇"也。陈诗自始至终写的都是桂林的岩洞，它与桂林石刻半毛钱关系都没有。

  游览桂林期间，陈谠在弹子岩还刻有一件与王宗孟、赵庚等十四人的题名石刻，并排刻于《游桂林诸岩洞》诗石刻右边。在南溪山玄岩，又刻有一件与王宗孟、林子蒙的饯别题名石刻。庆元二年（公元1196年）二月，陈谠与蔡元发等游览贵县（今贵港）南山寺，题名刻石崖壁。三年，陈谠再游南山寺，题四言古诗并书"南山"二大字刻于南山。嘉定元年（公元1208年），陈谠起知建宁府。因为夤缘权相韩侂胄，尝刻金字于灵璧石以寿韩侂胄，至称"我王"。待韩败后，陈谠为言者弹劾，放罢归乡。居家八年，建安利、石码二桥。卒年八十二。

陆游诗札：语精墨妙，隐隐有金石声

陆游之名，如雷贯耳。"僵卧孤村不自哀，尚思为国戍轮台。夜阑卧听风吹雨，铁马冰河入梦来。""死去元知万事空，但悲不见九州同。王师北定中原日，家祭无忘告乃翁。"随口可吟出陆诗一二。还有那首《钗头凤》词"红酥手，黄縢酒。满城春色宫墙柳"也是记忆深刻。张鸣凤说："南宋文名，陆生最重。"诚哉斯言！我们今天要说的"语精墨妙，隐隐有金石声"的陆游诗札，乃是镌刻于象山水月洞的"杜循自记所得陆游书与诗"，亦即《杜思恭跋刻陆游诗札》。先将石刻内容胪陈于下：

自警　人生非金石，寿夭不自知。一日复一日，亦或至耄期。方其未死间，早夜勿自欺。嗟彼陷溺者，太山起豪厘。努力戒惰偷，尧舜可庶几。我今齿发弊，强健复几时？一寸学古心，自视犹可为。鸡鸣推枕起，为善亦孳孳。天定终胜人，吾世或未衰。素业果有传，三复吾此诗。

读李泌事有感　莘渭当年已误来，商山芝老更堪哀。人生若要常无事，两颗梨须手自煨。

闲趣 坚闭门来又过冬，一裘且复拥龙钟。不辞陋巷如浆冷，酷爱新醅似粥酞。迎妇桥边灯煜煜，赛神林外鼓冬冬。岂惟自得闲中趣，要遣儿孙世作农？

白首 白首元无一事成，朝来大笑绝冠缨。花飞早已知春减，漏尽宁容更夜行。萧散且为无算饮，猖狂未免不平鸣。玉关青海今安在，麦野桑村送此生。（以上第一石）

太古 太古安知虙与尧，茹毛饮血自消摇。不须追咎为书契，初结绳时俗已浇。

舟中戏书 平生万事付之天，百折犹（"犹"字以下碑面被人凿毁。以碑面宽度计算，此诗之后还有一七言绝句，已失其内容）能气浩然。试问软尘金络马，何如柔橹月侵船？英雄到底是痴绝，富贵但能妨醉眠。三百里湖随意住，人间真有地行仙。

春近 短褐枯筇老病身，龙钟也复喜新春。已知不解多年住，且作都无一事人。檐角鸟声呼醉梦，室中花气袭衣襟。朝来更有欣然处，煎煮山蔬胜八珍。

吾友杜敬叔自峤南寄书来索，自录旧作，七十三翁，岂复能□奉笔砚？欹斜跌宕，□读之自不能识，敬叔以意求之可也。庆元丁巳正月廿四日，笠泽陆游务观书。（以上第二石）

正月廿四日，游顿首再拜复书：

敬叔法曹学士友兄执事：即日春寒，伏惟尊候神相万福。前岁冬初，闻从者西征，适卧病沉绵，无由追路一道珍重语。既鹢首日远，而游僦居泽中，不与人接，例不能通四方书问，惟有念吾至交之心朝暮不置耳。忽有远使到门，出诲帖谆谆累纸，相与之意，加于在傍邑时不以老病为可绝，不以疏怠为可罪，此古人之事，今于左右见之，幸甚过望。录示近诗，超胜帖妥，殆两得之。人之所难，敬叔何独得之易也？大抵此业，在道途则愈工，虽前辈负大名者，往往如此。愿舟楫鞍马间加意勿辍，它日绝尘迈往之作，必得之此时为多。益公今龙门又喜接晚进，敬叔得所归矣。旦夕乘驲造朝，又尝过庐陵，必复从容于天香堂上。游与益公四十年旧交，穷达虽殊，情好不替如一日，辄有一缄告为附达。又有杨廷秀待制书，亦烦送之，不罪干扣。谕及拙稿，见托一二友人编缉，未成次第。若可出，自当以一帙归之。敬叔今更当督之矣。手钞近诗，却如来教，写得数篇封纳。臂力弱，不能多写，负见索之勤，积愧如山矣！相望天末，临书恨恨，惟几为台家倍加保辅，即膺严召。不宣。游顿首再拜。

余在乡曲，每从放翁陆先生游，得其书、疏、诗、文几数十轴，皆袭藏于家，将为传世之宝。两年来，奔走无定止，比至桂林，才获一通寒温问。又辱惠以近作十余纸，语精而墨妙，洒然如见其人。置诸箧笥，常隐隐有金石声。因思王荣老欲渡观江，倾所蓄珍异祷于神而风不休，及取山谷先生所书苏韦州诗献之，始得安流以济。放翁先生文章翰墨凌跨前辈，为一世标准。顾余方仆仆羁旅中，得此奇玩，安知不为幽灵之所觊觎耶？用是不敢秘，命工刻于崖石，与世人共之。庆元三年四月既望，会稽杜思恭书。（以上第三石）

● 杜思恭跋刻陆游诗札拓片之一

陆游诗札：语精墨妙，隐隐有金石声　　203

● 杜思恭跋刻陆游诗札拓片之二

杜循字思恭,一字敬叔,宋上虞人,寓居会稽。淳熙十四年(公元1187年)进士。历吉州司理,平反冤狱,发粟赈饥,民受其惠。官满解去,遮留者以千计。终平乐令。在广西平乐做过县令。时名士陆游、周必大、杨万里并以国士期之,至表荐于朝曰:"学贯六经,文师两汉,可备著述。"可惜未用而卒。

这件《杜思恭跋刻陆游诗札》石刻分为三块碑面。第一块碑面分两层,刻《自警》《读李泌事有感》《闲趣》《白首》四件作品。第二块碑面分两层,刻《太古》《舟中戏书》《春近》及陆游自作跋语。第三块碑面通刻《陆游书札》及《杜思恭跋语》。其中陆游诗、札皆草书,杜跋行书。诗、书札、跋语的内容已如所见。诗是近作,反映了陆游晚年的生活与心境。书札表达了陆游对杜思恭作诗的勉励("愿舟楫鞍马间加意勿辍,它日绝尘迈往之作,必得之此时为多")及为官的期待("惟几为台家倍加保辅,即膺严召")。至于

● 陆游书札、杜思恭跋语

杜跋，则高度赞扬了陆游的诗作与书法（"得其书、疏、诗、文几数十轴，皆袭藏于家，将为传世之宝。""近作十余纸，语精而墨妙，洒然如见其人。置诸箧笥，常隐隐有金石声。""放翁先生文章翰墨凌跨前辈，为一世标准"）。

陆游才气超逸，尤长于诗，是南宋著名爱国诗人，《剑南诗稿》收其诗词9344首，抗金与收复失地是其中的主旋律。陆游书法自谓"草书学张颠（张旭），行书学杨风（杨凝式）"。朱熹称赞陆游"笔札精妙，意致高远"。

此杜思恭跋刻之陆游书札是陆游73岁所作，其时陆游正"卧病沉绵"，"臂力弱，不能多写"，但从这件石刻作品中，我们丝毫看不出陆游的老态、病态，诚如陆游自己所说的"一笑玩笔砚，病体为之轻"。若将其与陆游80岁所作之《行书自作诗卷》相比，书法成就亦不遑多让，可谓沉着老练，早已是人书俱老的境界。《桂林石刻书法选集（唐宋卷）》称其"石刻书法用笔苍劲有力，沉实洒脱，于绵密俊秀中显现豪放之气，与其豪放雄奇的诗风可谓相得益彰"。此外，杜思恭跋语中说的王荣老（王诜）取山谷先生（黄庭坚）所书苏韦州（当为韦苏州，即韦应物）诗献于神"始得安流以济"的例子，从侧面赞颂了陆游诗书的精妙与珍贵，连神都觊觎之。类似例子我们还见于永福县宋代百寿图上清光绪年间永宁州事李鸿宾的题记，其语云："宋绍定己丑，知县史渭刊此寿字于石壁，中镌小寿字百，真草隶篆俱备。相传以朱拓之，载诸行箧，可镇风涛云。"

陆游没来过桂林，却因为杜思恭"不敢秘，命工刻于崖石，与世人共之"的心态，将陆游的诗作、书法留在了桂林。桂林，还有桂林人，何其幸甚至哉！

关于杜思恭跋刻陆游诗札这件石刻，我还有话要说。这件石刻镌刻于南宋庆元三年（公元1197年）四月，经实地踏勘，我发现杜思恭跋刻陆游诗札时剜毁了一件宋代石刻，将其剜毁得仅剩十余字，可判断其中有王寿卿、黄德制等人。一查，王、黄等人于乾道五年（公元1169年）在还珠洞、白石岩先后刻有题名石刻，距离杜思恭跋刻陆游诗札也就28年的时间。换句话说，杜思恭跋刻陆游诗札时剜毁了28年前镌刻的一件宋代石刻。在谈及剜毁前人石刻这一话题时，我们以前总爱举明代杨铨凿毁唐代《舜庙碑》镌刻己诗的例子，没想到吧，这样的事情宋代也是有发生的。顺便再讲一点，杜思恭跋刻的陆游诗札这件石刻也被人凿坏了一部分，估计是有人想在此刻点东西，但可能被制止，于是停工了，这一过程从石刻表面所遗留的痕迹可以分析出来。张鸣凤说"南宋文名，陆生最重，然亦铲磨过半矣"。铲磨过半，张羽王此言稍显夸张，其实只是第二块碑面受到了部分剜毁，主要是《舟中戏书》一诗的内容，前引石刻内容中注明的"'犹'字以下碑面被人凿毁。以碑面宽度计算，此诗之后还有一七言绝句，已失其内容"云云，即此意。

方信孺：翻新桂林西漕台厅事为世节堂

宋开禧元年（公元1205年），出于对南宋屈辱地位的不满，宋宁宗赵扩采纳了宰相韩侂胄的建议，崇岳飞贬秦桧，并于同年五月下诏北伐金朝，史称"开禧北伐"。

由于准备不充分，开禧北伐最终以宋朝战败而结束。接下来的两国议和让一个名叫方信孺的宋朝年轻人名垂青史。《宋史》记载："信孺自春至秋，使金三往返，以口舌折强敌。"刘克庄赞道："公未三十立奇节，取显仕。自江湖岭海，外至夷虏，皆喜道其姓名，何其锐也。"

嘉定六年（公元1213年）春天，36岁的方信孺来到桂林，出任广南西路提点刑狱。方信孺来到桂林做的第一件显赫的事情，就是为父亲方崧卿修缮祠堂，买田供祀事，褒扬先父在桂功绩。原来21年前，方信孺的父亲方崧卿也曾赴任桂林，担任过广南西路转运判官一职。任职期间，方崧卿曾参与奏革盐法，"定盐法，改客贩为官般。奏罢岁解鄂靖钱十一万缗"，使得广西百姓不再吃贵盐，所以"广民德之"，立祠祭祀，受到老百姓的爱戴。

方崧卿祠堂的位置在永宁寺慈氏阁下，也就是今天的桂林市象山区文昌桥万寿巷舍利塔一带。方信孺先是邀请吴猎撰文《有宋绍熙广西转运判官方公祠堂之记》，主要记录父亲方崧卿在桂期间奏革盐法的事迹。吴猎字德夫，潭州醴陵（今属湖南）人，师从张栻，继受于朱熹，是湖湘学派巨子。嘉泰三年（公元1203年）在桂林，任职广南西路转运判官，对方崧卿在桂林奏革盐法事非常熟悉，由他来写这篇文章是最好不过了。这篇文章写于嘉定六年五月十六日，同年十一月，吴猎病故。这应该是吴猎生前写得比较重要的一篇文章了。吴猎记并书，不仅亲自撰文，还亲自书写，将其镌刻于龙隐岩口。

● 吴猎撰广西转运判官方公祠堂记石刻

石刻高153厘米，宽118厘米。额篆书，字径15厘米；文真书，字径2厘米。碑面下半截剥蚀严重，文字多已漫漶不清，殊难辨识。唯有篆额还可以看清楚。我每次来桂海碑林，都会到《有宋绍熙广西转运判官方公祠堂之记》碑前观瞻一番，给篆额拍照片。正文是吴猎的笔迹。篆额或许也是吴猎写的罢，铁线篆，线条圆润，结体工稳，落落大方。

接下来，方信孺又请同为莆田老乡的柯梦得撰并书《桂林永宁寺运判方公祠堂迎送神曲》，刻于普陀山栖霞洞内。柯梦得屡上春官不第，以善楚辞为方信孺所知，遂将其辟为幕僚，后于嘉定七年（公元1214年）以特科入官。《桂林永宁寺运判方公祠堂迎送神曲》内容是：

思公不见兮我心愁，眇八荒兮远游。严祀事兮岁修，几来下兮淹留。勤恤祈天兮惠泽周，如父母兮子孙谋。非公休我兮我何以休？谁知公心兮不独桂人是忧。蘅杜兮荐羞，桂醑兮芬浮。临觞兮谁酢酬？胥乐兮和气流。是感是慕兮无昭幽，惠我桂人兮百千秋。菲荐毕陈兮歆斯鉴斯，歌鼓方洽兮送歌继之。拥翠云兮祥风驰，乘雾毂兮扬桂旗。秀峙兮莹澌，可游兮可嬉。来何从兮去莫追，怅望不及兮天一涯。化灾沴兮景贶绥，愿俟尔兮祀事孔时。桂林永宁寺运判方公祠堂迎送神曲，嘉定六年孟冬朔，莆田柯梦得撰并书。

● 柯梦得撰运判方公祠堂迎送神曲石刻

该迎送神曲创作于嘉定六年十月，石刻高128厘米，宽364厘米。隶书，字径15厘米。据《桂林石刻书法选集（唐宋卷）》：柯梦得名不见于宋代书法史，但该石刻书法却写得气魄不凡，用笔方圆兼施，枯润相济；结体自然宽博，张而不弛；通篇字势遒劲，精神洋溢，气势开阔，意境幽邃。《八桂古刻 书史遗珍》称："本碑刻章法茂密，隶书横式明显，方圆并用，粗细变化明显，有古意。宋代流行行草书，而此隶书成熟清新，卓有成就。"《读石观史——桂林书法石刻网络展》则称其为"宋代隶书经典作品之一"，"笔法方圆兼施，线条粗细对比鲜明，形体取扁势，章法行列整齐，且茂密"。郭沫若更是称其书法为"宋代隶书中登峰造极的佳作"。总而言之，这是一件广西石刻精品。

嘉定七年正月，方信孺在象山南麓建起了云崖轩。建云崖轩，是方信孺在修缮父亲祠堂后紧接着做的一件大事。至于为什么要建云崖轩，方信孺曾对守轩的了真和尚说："先祠在永宁，去此不远，庶几神灵谓不孝孤在近，或喜得暂依也。"半年后，方信孺在云崖轩大门两边挂上欧阳修的诗句："琴舫开月幌，窗户对云崖。"并把自己写的题云崖轩诗和好友张自明写的和诗一并镌刻上石。据说，方信孺每次来到云崖轩，便屏退随从，独自一人"伸纸濡毫"，撰述诗文。每每写到得意处，往往望崖兴叹，说："平生方提刑以好山水闻，孰信兹山寓笔砚哉！"

嘉定八年（公元1215年）二月，这时候的方信孺已经任职广南西路转运判官。他把西漕台厅事修缮、翻新，改称为世节堂，并请当时在广西全州居住的易袚书匾、磨崖于龙隐岩，以昭示自己继承父志、世代保持品格节操的决心。易袚（公元1156—1240年），字彦章，一字彦祥，号山斋，湖南长沙宁乡县人，淳熙十一年（公元1184年）状元及第。应邀书匾"世节堂"时，易袚正时运不齐，命途多舛，属"远贬"之人。方信孺请易袚在治事厅题写"世节堂"，并把它刻在龙隐岩上，一方面体现了对父亲的崇敬，另一方面也表达了他对清廉作风的提倡，这一点对现在都是有警示作用的。

"世节堂"石刻高450厘米，宽175厘米。真书，字径130厘米；署款字径19厘米。这是一件榜书作品，字逾四尺，用笔老辣，苍劲有力，结体紧凑，气魄不凡，加之刻工技艺精湛，将其行笔之疾缓顿挫、点画之映带飞白表现得淋漓尽致，是广西石刻中不可多得的擘窠书精品力作。

● 易袯书"世节堂"榜石刻

任职桂林期间，方信孺几乎踏遍桂林的各处景点，留下许多歌咏桂林山水的诗文佳作。"爱山那惜走千回，生怕前驱后骑催。""归舟多载小江春，重访东岩旧屐痕。""雨脚初收鱼尾霞，满溪流水半溪花。""旋除野草开新径，遮莫寒藤刺客衣。""拂拭轩窗容俎豆，发挥泉石借声诗。""波光分破湖千顷，瓦影斜飞水一湟。""人事百年俱变灭，只应题字不尘埃。""紫箫吹彻无人见，万里西风月满天。"众多石刻、众多诗句，留住了方信孺在桂林山水间的身影。

此外，方信孺还北至兴安严关乳洞，南至临桂保宁华岩。桂林之外，还去过广西融水老君洞、柳州马鞍山、柳江区里高镇卧龙岩、鹿寨高岩等地，并都留下了石刻作品。

方信孺"生有异质，襁抱中能诵书，九岁落笔属文"，被周必大、杨万里目为天才，30岁出使金国议和，赢得一生中如日中天的盛誉，却又因为得罪了首相韩侂胄，被连降三级，贬为临江军居住。此后，方信孺一生宦海沉浮，一直也没做过什么大官。但方信孺是一个正直爱民、体恤下属的好官。在广西提刑任上，他"单马行部内，访民疾苦。荒镇恶县无停驿处，张幕野宿以为常"，"政简刑清，所至不扰"。在运判职位上又成绩斐然。弥节四年，再摄帅阃，威信行于一方。他重视桂林风景建设，留下许多脍炙人口的山水诗篇。他还捐盐钱20万资助好友张自明在宜州建龙溪书院，另捐40万购买学田，兴学励士。

《宋史》对方信孺在桂四年的岁月不著一字，不见一词，然而，经由方信孺留下的一件件摩崖石刻，我们分明听到了一阵阵坚实的足音，看见了"于桂诸山探赏屦遍，制文赋诗，曾不停思"的方信孺。

嘉定十年（公元1217年）春天，方信孺离别桂林。同年，方信孺除提点湖北刑狱，未行。召赴行在奏事，入对，除大理丞。于是边事复动，除淮西转运判官，未行。嘉定十一年，改淮东转运判官，兼提刑，知真州。朝廷把方信孺调到前线任职，以抵御外族入侵。嘉定十五年（公元1222年）腊月二十六日，即公元1223年1月29日，方信孺卒，年46岁。

方信孺：广西石刻第一人

就石刻数量而言，方信孺堪称桂林石刻第一人。那么方信孺在桂林到底留有多少件石刻呢？

有人说24件，有人说25件，我以前统计是29件。如果只要石刻中有方信孺名字，比如，两人或两人以上同游，其中只要有方信孺名字，就可以算作是方信孺石刻的话，据《桂林石刻碑文集》一书，方信孺在桂林市区共有31件石刻，其中11件已毁，1件我迄今未见。2019年11月，桂海碑林博物馆工作人员在雉山拓片时，新发现一件方信孺题名石刻。因此，方信孺在桂林市区总共留下32件石刻。如果算上在桂林下辖的临桂区和兴安县留下的石刻（兴安乳洞那件题名石刻在中洞，已被劖毁），方信孺在整个桂林市总共留下石刻36件（12件已毁，1件未见），这个数字无人能及，方信孺的确是名副其实的"桂林石刻第一人"。其实，方信孺在桂林以外的广西融水老君洞、柳州马鞍山、柳江区里高镇卧龙岩、鹿寨高岩等地也留有摩崖石刻。其中马鞍山有两件，一件大半残毁；老君洞一件，2023年新发现的，亦大半残毁。如此一来，已知方信孺曾留在壮美广西山水间的摩崖石刻总数至少有

41件之多。所以，如果再扩大点范围，我拟将方信孺称作"广西石刻第一人"，应该是没有问题的罢。至少迄今为止，我尚未发现还有谁比他多。

下面我就挑几件方信孺石刻，我们一起来一睹它的文辞之美与书法之美。

先来看位于桂林虞山韶音洞的《古相思曲》。

这件作品内容上以感念虞舜帝与娥皇、女英二妃的故事来浇方信孺自己心中的块垒。我以为写《古相思曲》时的方信孺已经萌生归隐之心，一个月前，他刚刚写完《碧桂山林铭》，感叹"知音孔艰"，想偕家人归隐桂林西山。在这首《古相思曲》中，方信孺表达了同样的心情："落落此时意，寥寥千载心。五弦毋庸绝，四海谁知音。"

石刻高41厘米，宽276厘米。真书，字径7厘米。书法风格上，带有方信孺石刻中字体以真书为主，又带点行书意味时的典型特色之一：既有笔画上的颜体之风，又有结体上的黄庭坚之风。特别是在一些横折笔画上，横细折粗对比强烈。《桂林石刻书法选集（唐宋卷）》称："其书法亦极秀美，用笔流畅绵长，结体宽博舒展，学得黄庭坚书法的神韵。"《八桂古刻 书史遗珍》则称，该作品"字口清晰，碑相完好。文字上下紧凑，行疏列密，用笔粗细明显，结字宽卓外拓，端庄大方，有颜真卿面貌"。其实，在笔画上我们还可以将其与梁安世的《乳床赋》作比较，横细折粗是其共同之处，但结体上梁书走的是瘦劲风格，方书走的是宽博路线。

方信孺:广西石刻第一人 217

● 方信孺《古相思曲》石刻

● 《古相思曲》石刻局部

方信孺真书结体的宽博路线、颜书风格，更体现在其酌别钟大鸣题名石刻上。《方信孺酌别钟大鸣题名》石刻位于普陀山曾公岩。高45厘米，宽160厘米。真书，字径8厘米。这件石刻书法具有方信孺真书的鲜明特色，用笔圆劲，结体宽博，横细竖粗，一看就出自颜真卿。字如其人，与方信孺"以口舌折强敌"的凛然正气形象倒是十分匹配。2024年10月的一天，当我在柳州马鞍山西麓看到有件残毁石刻的上款有"嘉定乙亥七月既望"字样时，就断定是方信孺石刻，果然在下款看到"信孺立"三字。妥妥的方信孺真书风格。尽管这件残毁的真书题榜石刻"□洞"与方信孺题"钓台"二篆字相距不远，我翻查资料，却几乎都不见有人提及。

再来看方信孺的《再游龙隐岩追和陶商翁韵及西江月词》石刻。

这件石刻位于月牙山黄金岩。高50厘米，宽110厘米。行书，字径4厘米。一诗一词，同处一块碑面。内容是：

再游龙隐岩，追和陶商翁韵　石门元不锁，岩屋本无基。九夏花犹在，千年树倒垂。僧闲方定起，客到每归迟。甚欲眠莲叶，沿崖读封碑。

西江月　碧洞青崖著雨，红泉白石生寒。揭来十日九湖山，人笑元郎太漫。绝壑偏宜叠鼓，夕阳休唤归鞍。兹游未必胜骖鸾，聊作湘南公案。

孚若父。

● 方信孺酌别钟大鸣题名拓片

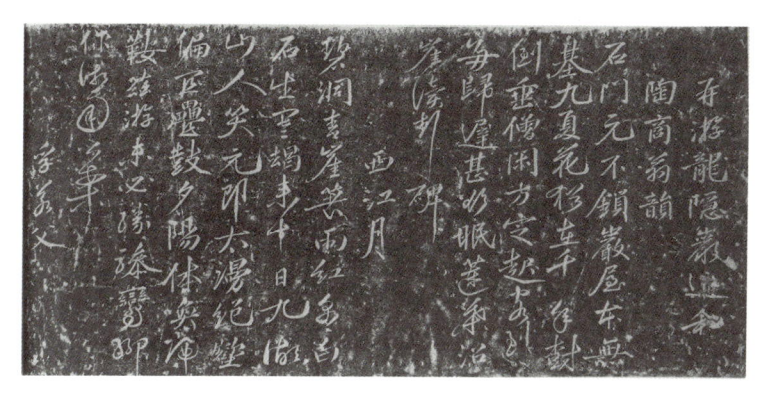

● 方信孺《再游龙隐岩，追和陶商翁韵》及《西江月》词拓片

诗中的陶商翁，就是陶弼，湖南永州人，曾在广西多地为官。诗呈现的是一种漫步龙隐岩、享受悠闲时光的生活，词描写的是纵情山水间的乐趣。作者还把自己比作唐代的漫郎元结，推崇一种不受拘检、放浪自适的生活态度。诗词皆情景交融，轻松烂漫。这件石刻作品的书法更多的呈现出一种轻松、潇洒、自适的状态与品质，与诗词所蕴含的情境相得益彰。《桂林石刻书法选集（唐宋卷）》称："其书法瘦劲俊健，笔画虽细而无纤弱之态，

方折处斩截刚断，劲健峭拔，全篇一气贯通，最能体现前人对其书法'以韵胜'的评价。"

方信孺在桂林琴潭岩镌刻有两件石刻，一件题名，一件题榜。题名作品淹没在岩里水中，我迄今未能得见。"琴潭"二隶字题榜位于岩口上方石壁，如今依然醒目，真书署款"方信孺"三字依然清晰。今天的琴潭岩口变矮了，方信孺题名石刻淹没在水里了，好在还有文字："方孚若再至桂林，历穷胜践，最后始得清秀、玉乳、荔支、琴潭四岩。而琴潭水石又诸岩之冠冕，且川原平衍，群峰环抱，爱之几不能去，安得此为菟裘地耶？"方信孺萌生了要将琴潭岩作为自己告老退隐之处的想法。当年徐霞客告别桂林、继续西行时，曾特意探访琴潭岩，那天的徐霞客或许也和今天的我一样，看着石壁上大大的"琴潭"二字，若有所思……

在桂林普陀山栖霞洞口，有一件篆书题名，写着"方信孺游"四个大字。这件题名石刻布局成一枚印章的款式，不仅是方信孺所有石刻作品中最独具匠心的，也是近两千件桂林摩崖石刻中绝无仅有的。桂海碑林博物馆原馆长曾燕娟说，人们在观赏这件石刻时，不能仅限于字的本身，而是需把视线拉开，让整座山进入观赏范围，山水、石刻和作者共同构成一幅"画"面，真山真水即是这"画"中山水，"方信孺游"就是钤在"画"中的印章，作者便仿佛是这"画"中的游人。山水之貌与作者之情俱在，显露了以一件石刻延展为让人品赏一幅方信孺游山图的一种妙趣。我完全赞同曾馆长的解读。此印章款式布局的游山石刻是方信孺脑洞大开、灵光一闪的绝妙之作。

● 方信孺题"琴潭"二隶字拓片

● 方信孺栖霞洞题名石刻

最后，将方信孺相关答疑二三条列于文末。

1. 方信孺第一次来桂林时是多大年纪？

据瞿中溶《古泉山馆金石文编残稿》，方信孺不是和父亲同一年到桂林的，而是于第二年即绍熙癸丑年（公元1193年）到桂林的。方信孺到桂林那一年已经16岁。说方信孺年幼时曾随父亲来过桂林，错。

2. 嘉定六年（公元1213年）方信孺到桂林究竟任何官职？

据吴猎《有宋绍熙广西转运判官方公祠堂之记》："公之仲子信孺孚若来囗提刑兼转漕。"方信孺任职广西提点刑狱，但因时任广西转运判官陈孔硕两充外国祭吊使，需要出国，无暇赴桂走马上任，所以在嘉定六年春天至仲夏期间，广西转漕事宜由方信孺兼管。嘉定八年（公元1215年）年初，方信孺任职广西转运判官，可供判断的标志性事件是嘉定八年二月吉，方信孺翻新桂林西漕台厅事为世节堂，并请长沙易祓书匾、磨崖于龙隐岩。说嘉定六年方信孺来桂林出任广西提点刑狱和转运判官，错。

3. 方信孺在桂林为官有六年吗？

嘉定六年春天，方信孺抵达桂林。嘉定十年（公元1217年）春天，方信孺离开桂林。方信孺在桂林，亦即在广西为官四年。

南渡南渡，胡不北归？

多年以后，当人们谈论起宋室南渡、衣冠南迁的往事时，我还会记得2023年6月18日前一天的那个晚上，卯哥给我发来潘会长在某个工地上看到的、由施工人员刚刚挖掘出来的、距今已有872年历史的、宋代绍兴年间的那块墓碑的照片，一同发来的还有两张该墓碑的拓片照片。也许是天意让我来解读它，我没费多大力气，就大致弄清楚了该墓碑背后的史实与掌故。宋代百姓因战争避地桂林、寄居桂林的历史又多了一份清晰的石刻印证，从而也串起了一个清晰的石刻记忆。

从该墓碑照片可见，墓碑正中分左右两行镌刻有大字径真书文字："宋故沁源县／梁公阎氏墓。"墓碑左侧有一行小字径真书文字："绍兴二十一年岁次辛未六月壬申□□。"墓碑右侧也有一行小字径真书文字，一眼可以看出"□□谨记"字样，"□□"二字均为木字旁，尚需结合实物辨识。关于宋代墓碑，早前我曾在桂林奇峰镇某山洞看到过一件乾道年间的，形制为摩崖，碑面文字布局和这件绍兴年间的墓碑完全一致。真书，字写得也是不错。

● 沁源县梁公阎氏墓碑拓片

我决定从绍兴二十一年（公元1151年）入手寻找线索。实在是天助我也！三下五除二就对接上了。在南溪山刘仙岩刻有一件《海庵老人撰黄箓醮感应颂并序》石刻，该石刻镌刻于绍兴二十二年（公元1152年）四月十五日，石刻序言写道："河东路威胜军沁源县人事、寄居静江府春台坊梁汝弼，伏为其母阎氏奄逝小祥将临，预于四月十四日请道士一十员，就真山观全依科范，开建黄箓盟真大斋法坛，补职说戒道场法事三昼夜，修设净醮二百四十分位，延降高真荐导亡者，果获感应。海庵老人睹兹胜，因叹未曾有，稽首作二颂，以纪其实云。"序言里的"梁汝弼""其母阎氏"等字让人眼前一亮。所谓"小祥"，是古时父母丧后周年的祭名。第二个周年叫"大祥"。梁汝弼于绍兴二十二年四月十四日请十名道士，在真山观开设黄箓醮，做法事，祭奠死去快一年的母亲阎氏。这与墓碑上的"绍兴二十一年岁次辛未六月壬申"在时间上相距十个月，正好可以对接上"小祥将临"。我再仔细看墓碑照片，在右侧"□□谨记"文字上面，竟然还隐约可见"汝弼□□孙"字样。哈哈！有了"汝弼"二字，墓碑上又是"梁公阎氏"，这块墓碑与《海庵老人撰黄箓醮感应颂并序》石刻就完全对接起来了。新出土的梁公阎氏墓碑就此有了着落。

南渡南渡。靖康之乱后，宋室南渡，衣冠南迁，不少北方居民纷纷侍亲避地，来到南方，来到桂林。这其中就有一个叫郭显的人，他来到桂林后，在南溪山"卜筑岩下，凿井耕田。榜揭归云，养真自然。烧炼丹药，徜徉林泉"，成了在南溪山隐居的一名道士。南溪山刘仙岩有一件郭显卜居铭石刻，说的就是这段

● 海庵老人撰《黄籙醮感应颂并序》拓片

历史。

郭显是沁源县人，和梁汝弼是老乡，《海庵老人撰黄箓醮感应颂并序》石刻就是由郭显负责"上石"的，时间上比卜居铭晚三年。比较郭显南溪山卜居铭与黄箓醮感应颂石刻，我觉得二者书法很相似，均有早期颜真卿风格，而卜居铭笔画显得更为厚重，结体端庄沉着。同时二者书法风格与宋代《杨损等六人曾公岩题名》《吕渭刻养气汤方并记》石刻又非常相似。《桂林石刻书法选集（唐宋卷）》称《杨损等六人曾公岩题名》石刻书法"有颜真卿书法风范"，称郭显卜居铭石刻"其书法亦受到苏轼影响，然用笔更为坚硬，结体紧凑，方正不欹"。《八桂古刻 书史遗珍》则称《吕渭刻养气汤方并记》石刻"似颜真卿楷书"。

和郭显、梁汝弼家庭一样，侍亲避地来到桂林的还有不少人，比如尹温叔一家、吕仲明一家，还有宗国器、郭子舟、何浚之等等家庭。远离战乱的桂林，让这些行色匆匆、惊慌失措的人们疲惫慌乱的身心得以安宁；秀丽奇崛的桂林山水，又让他们的精神得到慰藉，暂时忘掉昨日的忧伤心碎。他们徜徉在桂林山水间，在石壁上刻下文字，让八百多年后的我们读到他们当年的"到此一游"。

"鲁郡尹温叔挈家来游，日暮乃归。男稿侍行。建炎庚戌六月上澣。"该石刻镌刻在月牙山龙隐岩，距今已有893年。侍父避乱来到桂林的尹稿于绍兴五年（公元1135年）写下《仙迹记》一文，此外他还写有《仙李岩铭并序》，均刻于七星山栖霞洞，记录了一段美好的唐人遇仙故事。后来的范成大在此基础上，写有

● 郭显南溪山《卜居铭》石刻

《碧虚铭并序》，并镌刻于栖霞洞口。

"聊城宗国器、大梁郭子舟、河间何浚之侍亲避地南来。八桂张寿宜同游伏波岩。时绍兴癸丑清明日。"绍兴癸丑指绍兴三年（公元1133年）。该题名石刻镌刻在伏波山还珠洞的一个佛龛里。"金虏犯顺，衣冠南迁。"战争让许多家庭背井离乡。面对战争，普通人无能为力，只有祈求菩萨保佑，我想这或许就是宗国器、郭子舟等人将题名刻于佛龛内的原因吧。

胡不北归？还记得陆游写的那首诗吗？"三万里河东入海，五千仞岳上摩天。遗民泪尽胡尘里，南望王师又一年。"在北方，是遗民哭干的眼泪，是遗民无望的期待，一年又一年。在南方，对于不少南迁的人们来说，北方已被"金虏"占领，北方有家已不能回。"陌上花开，可缓缓归矣。"这只能是一个良好的愿望，对于一些人来说，北归早已无望。故乡只能在心头遥望。逃避战乱的人们，有的带了家眷，有的形单影只，茕茕孑立。他们中的一些人寄居桂林，最后客死桂林，终其一生，再也没能回到北方的老家，这其中就有梁汝弼的父母亲。如今，随着梁公阎氏墓碑的出土，镌刻于南溪山刘仙岩的《黄箓醮感应颂并序》石刻被点亮了。历史深处的细节浮出历史之海，仿若发出耀眼的光芒，吸引着我们前来瞻仰、指读。

明代在桂太监书法举隅

2012年8月12日，整整12小时的火车，我从广州回到桂林。当天下午两点，我来到叠彩山南大门。这是立秋后的第五天，空气中弥漫着沉闷燥热的气息，知了叫声裹挟着一切。我跃过51级台阶，拾磴而上叠彩亭，经"江山会景处"北登，继而右行，过叠彩山门，穿风洞，转叠彩楼，再盘桓而上半山腰，汗水已悄然渗出。我要在叠彩山寻访一件明代太监石刻，太监名叫傅伦。

综合明嘉靖《广西通志》及万祥《太监题名碑》可知，太监奉命镇守广西是从明景泰三年（公元1452年）开始的。在傅伦之前，钦差镇守广西的太监依次是：御马监太监班祐、御马监左少监朱祥、司设监太监王定、太监黄沁、右少监王举、御马监太监刘昶、御马监太监蔡用、御马监太监王濂（廉）、内官监太监张瑄、司设监太监蔡昭、内官监太监陈彬。此外，还有祝福原、永安、董荣、刘倜、覃文、王敬、梁义、王堂等太监因赴广西公干，到过桂林。其中，刘倜、王敬、王堂三人都是钦差总镇两广等处地方太监，管辖范围包括广东和广西，与他们三人同期且任职广西的镇守太监分别是刘昶、王廉和傅伦。

以上叙及的太监中,在桂林最有知名度、最具影响力的当属傅伦和陈彬。陈彬于明正德六年(公元1511年)来桂林。傅伦于正德十年(公元1515年)入桂,接替陈彬镇抚广西。傅伦是都知监太监。在明代,宫廷置司礼监、内官监、御用监、司设监、御马监、神宫监、尚膳监、尚宝监、印绶监、直殿监、尚衣监、都知监等十二监,各掌不同职责。傅伦在桂林待了15年,是任职广西时间最长的镇守太监。

傅伦镇守广西期间,遍游桂林名山胜景,留下题诗题记摩崖石刻19件,其中12件与叠彩山有关。这些诗文让傅伦在历代歌咏桂林山水的诸多文人墨客中赢得一席之地,许多歌咏桂林山水的诗文选本几乎必然会收入傅伦的一首或多首诗篇。

正德十四年(公元1519年)正月初七日,傅伦独自一人登临叠彩山,访梅寻春,在半山腰的一个亭子里,他极目凝望。接下来傅伦写下了第一首题叠彩山诗,并镌刻上石。那就是2012年8月12日那天,我非常渴望找到的摩崖石刻。那天,我从广州返桂,再赴叠彩山。当天天气湿闷,气温34摄氏度,几番搜岩剔壑下来,汗水很快浸湿全身,真个是"尽日寻春不见春,芒鞋踏遍岭头云"啊!好在功夫不负有心人,待我双手分开榛莽荆棘,欠身而上一处巉岩峭壁时,一星期前抬头偶见的那件石刻忽地呈现眼前,凝神望去,正是傅伦的一题叠彩山诗:"独寻春色上高台,极目凝神望几回。山拱周遭峰作障,云横四野雪成堆。渔舟泊岸沽村酒,墨客题诗寄垄梅。绝顶孤亭真似画,幽芳几阵暗香来。"我端稳相机,拍了好些张,喷上水后,字迹显得更为清楚,就又

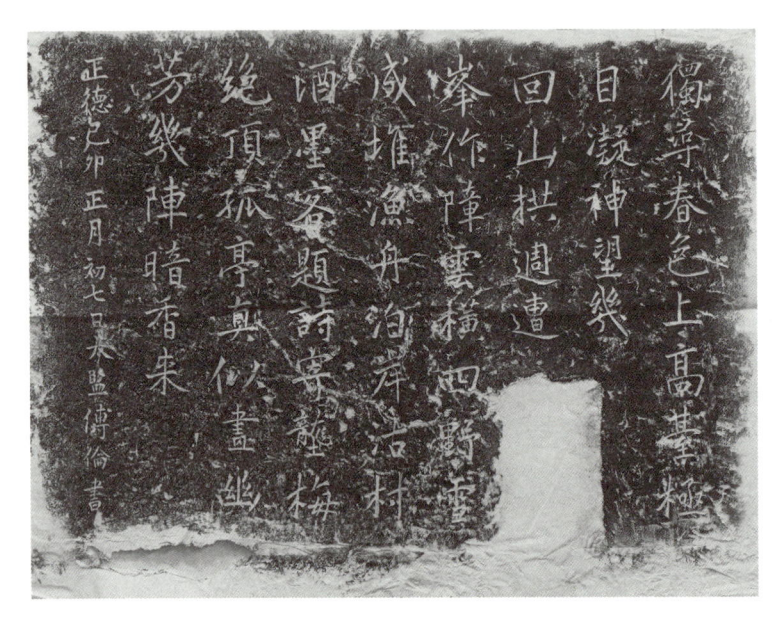

傅伦一题叠彩山诗拓片

拍了好些张。这件石刻字口清晰，线条均匀，结体紧凑，用笔清净，布局疏朗，呈现出一种工整、干净、清闲之美。

嘉靖九年（公元1530年）春夏之交，傅伦再题、三题、四题叠彩山。"登临此日开怀抱，莫笑狂夫老更痴。"后来又五题、六题、七题叠彩山，说明傅伦对叠彩山喜爱至极。而其中的署名又颇似暗藏着一段历史轨迹。傅伦的前任陈彬石刻署名清一色的为"钦差镇守广西等处地方内官监太监陈彬"，傅伦呢，嘉靖二年（公元1523年）之前的署名多为"钦差镇守广西地方都知监太监傅伦"，而写于嘉靖六年（公元1527年）的为傅庆云出家题诗，

逦迤凭阑省水流海鹢飞下白
蘋洲青山雨过云窝冷绿树风
来洞口秋潇洒情恨诗逗兴便
游岁月酒相酬烟波钓叟轻名
利不异人间万户侯 素轩傅伦书

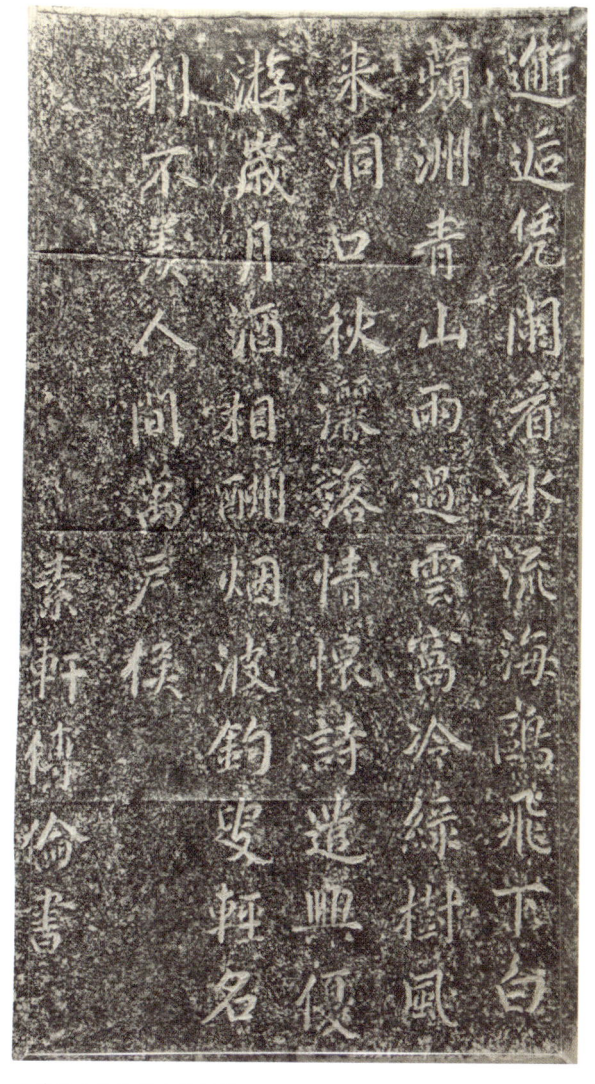

● 傅伦七题叠彩山诗拓片

以及嘉靖九年的六首题叠彩山诗署名则分别为"湖南太监""太监素轩傅伦""素轩""湖南傅伦""素轩傅伦"等，已不再有"钦差镇守"字样。原来，由外藩继统的嘉靖皇帝登基后，开始对宦官进行严格管束，并惩治了各地一些恶名昭著的镇守太监，且从嘉靖七年（公元1528年）起，大举裁除镇守宦官，至嘉靖十年（公元1531年），裁除工作完毕。明人沈德符《万历野获篇》记载说："镇守内臣之革，在嘉靖九年十年间，天下称快。"我们从中似乎也找到了傅伦在嘉靖九年这一年当中六次题诗叠彩山的答案。在第七首题叠彩山诗中，傅伦写道："邂逅凭阑看水流，海鸥飞下白蘋洲。青山雨过云窝冷，绿树风来洞口秋。洒落情怀诗遣兴，优游岁月酒相酬。烟波钓叟轻名利，不羡人间万户侯。"有一份恬静闲适，也有着无限乡思，又似在作宽慰语。"白蘋洲"是古代水路送别之地的泛称，在诗中出现有送别意象的白蘋洲，看来是到了傅伦这位痴情叠彩山的"老狂夫"离别桂林的时候了。七题叠彩山距离一题叠彩山过去了11年，傅伦的书法面貌总体风格变化不大，工整、干净、疏朗等，是其固有的特色，但不同之处也是明显的，七题的笔画显得圆润，更厚重了。《八桂古刻 书史遗珍》称其"碑文结体平正开阔，行列排布整齐，风格平和端庄"。由于所处碑面毫无遮拦，风化明显，如今在现场很难看清楚七题的字迹，好在还有拓片。

傅伦之后，桂林石刻上再没有出现明代太监之名。

正德十五年（公元1520年）八月，傅伦的上级领导、太监王堂来游叠彩山，挥毫写下"风洞第一山"五个大字，摹刻在风洞

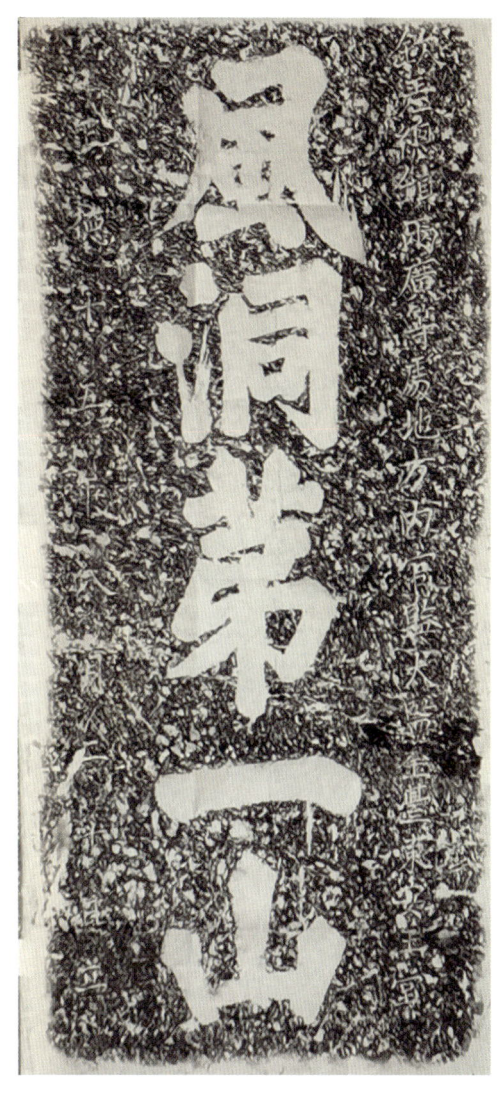

● 王堂题"风洞第一山"五大字拓片

口左侧距离地面35米高的一处山崖石壁上。当年为了拍照，我毫不犹豫地爬上脚手架，拍下了桂海碑林博物馆工作人员拓片过程，目睹了"风洞第一山"的气魄。由于灌木疯长、遮挡，平时能看到这件石刻的人并不多。自从米芾写下"第一山"之后，后来人都喜欢用"第一山"来表达自己对某山的喜爱。王堂于正德十四年二月，由镇守浙江调任总镇两广，因平定广西乱局而受到朝廷嘉奖。

我们再往前看看傅伦的前任、内官监太监陈彬。

都说新官上任三把火，陈彬也不例外。当看到广西省城的环甓甃石不坚固，楼宇因年代久远而倾颓，雉堞多有圮毁，桅帜、斥堠也极不完备时，就在镇守广西的第二年夏天，陈彬启动了重修广西省城的重点工程。他指挥各部门人员齐心协力，各展其能，前后不到两个月时间，厥功告成。为此，赐进士中宪大夫云南按察司副使进三品阶前监察御史、75岁的桂林人包裕特意撰《重修广西省城碑记》，盛赞其事，并立碑桂林城东江门。

正德十年四月的一天，陈彬游览龙隐岩，写下《游龙隐岩赋》："圣皇临御，海宇清平。奉命来镇，恪秉忠诚。喜塞草之抽青，乐边警之无闻，恒先忧而后乐，矧际遇乎明春。维时政暇，驾楼船于江浒，遣从属于同寅。相浮于龙隐山之下，茫乎凌汪洋之波，浩乎履巉岩之石。振衣而上，宏敞可观。目江流之湙腾，听鸟语之间关。意潜蛟之踪迹，犹恍惚于深渊。殊有以绝尘嚣之味也！遂命设肴醑酒，宾主献酬。不必雅歌鸣瑟，而眼前风景，谷口幽芳，入耳有声，触目成色。所取无穷，其乐有余也，诚一

● 陈彬撰游龙隐岩赋石刻

时之盛会。于是有客洗爵重酌而谓曰：吾侪今日之纡朱拖紫，树旗旄，罗弓矢，实赖吾君而有此乐也。然又恶可不推吾心之乐，使民饱食暖衣，拘舒劳逸，而亦得以同乐吾君之乐也？庶几后之登斯岩者见而慕之，有以知今之当道不独乐，而与人不少乐，而与众体君爱民之良心，有以脍炙将来之口于无穷。呜呼，不亦盛乎！呜呼，不亦盛乎！"

这篇文章在陈彬镌刻于桂林的摩崖石刻中，文字最多，最具功力。本来，朱元璋得天下后，曾明令"内臣不得识字"，"内臣不得干预政事"。但是，后者被明成祖朱棣打破，朱棣不仅将对外出使的重任交给宦官，后来更是设立东厂，交由司礼监的太监来管理与掌握。到了明宣宗朱瞻基，"内臣不得识字"这条禁令被彻底推翻。朱瞻基于宣德元年（公元1426年）七月在内廷办起了内书堂，专供小内监们读书识字。主管内书堂的都是些殿、阁大学士，负责授课的则是在翰苑部门任职的词臣们。据说，通过学习，不少内监都"习知经史，娴于文墨"。那么，在镇守一方之公余，拾翠寻真、把翰行觞之际，舞文弄墨、吟诗作赋也就必不可少了。

杨铨：一个在舜庙碑上展览的人

明嘉靖四年（公元1525年）二月十六日，广西左参政杨铨应钦差镇守广西地方都知监太监傅伦之邀，同游虞山。为此，杨铨作五言古风一首，记述与傅伦游虞山的所见、所闻、所感，诗云："春郊积雨霁，日夕山气佳。揽衣撷芳芷，陈词就重华。寂寂凤鸟声，盈盈桃李花。韶音阒希歇，空洞临水涯。隔叶鸣黄鹂，大泽生龙蛇。九疑望巉绝，苍梧云正赊。僻壤过神化，六合千载家。风气蔼文物，雨露深桑麻。腐儒谬行役，系处真匏瓜。苦材竟何济，率物身且瑕。隐忧问豺虎，焉能化虫沙。举首瞻北辰，白日行西斜。陟亭上高峰，贯月随虚槎。南风时一发，聊解吾民嗟。"其诗记云："镇守傅公约游兹山。寅晨雷雨交作，几弗果。俄而天日开霁。遂用古人喜晴韵赋此。"

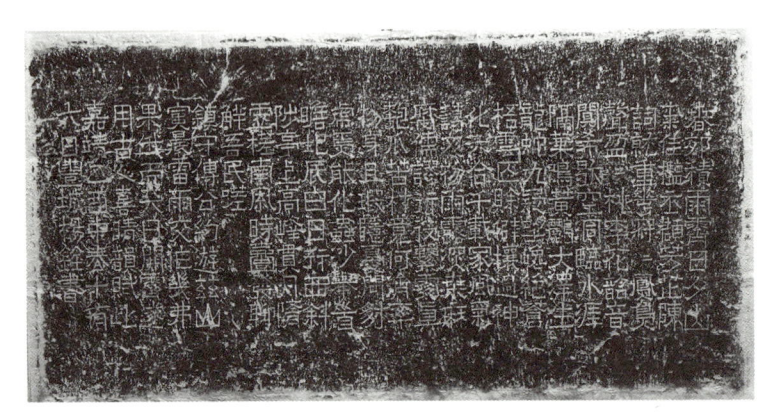

● 杨铨游虞山题诗并跋拓片

　　杨铨这件题诗并记作品镌刻在唐代《舜庙碑》石刻上。经查，镌刻杨铨题诗并记作品剷毁了《舜庙碑》石刻总计13行91个字位的面积。在此之前的嘉靖三年（公元1524年）十二月，杨铨在龙隐岩还刻了一首诗，诗云："何年此地曾龙隐，此日空余龙隐岩。龙去八荒作霖雨，岩空千载留松杉。肩舆载酒穿云入，拂石题诗带墨劖。焉得个中逢禹步，一瓢分我濯襟凡。""肩舆载酒穿云入，拂石题诗带墨劖"这两句最为传神。乘着肩舆，载着美酒，穿云而入；拂拭岩石，题写诗句，带墨即劖。你能感觉到画面，也能听得到声音。杨铨这份闲情逸致潇洒不凡，好似透着一股志得意满的神情。只不过他把残存的宋代罗点画像（宋代罗愚父亲罗点画像的下半身在明代太监陈彬镌刻其《游龙隐岩赋》时被剷毁）及画像上方的像赞并序石刻剷毁了，如果不是刻意寻找、呕摸，一般人根本不可能发现这个秘密。但是在《舜庙碑》上刻诗则完

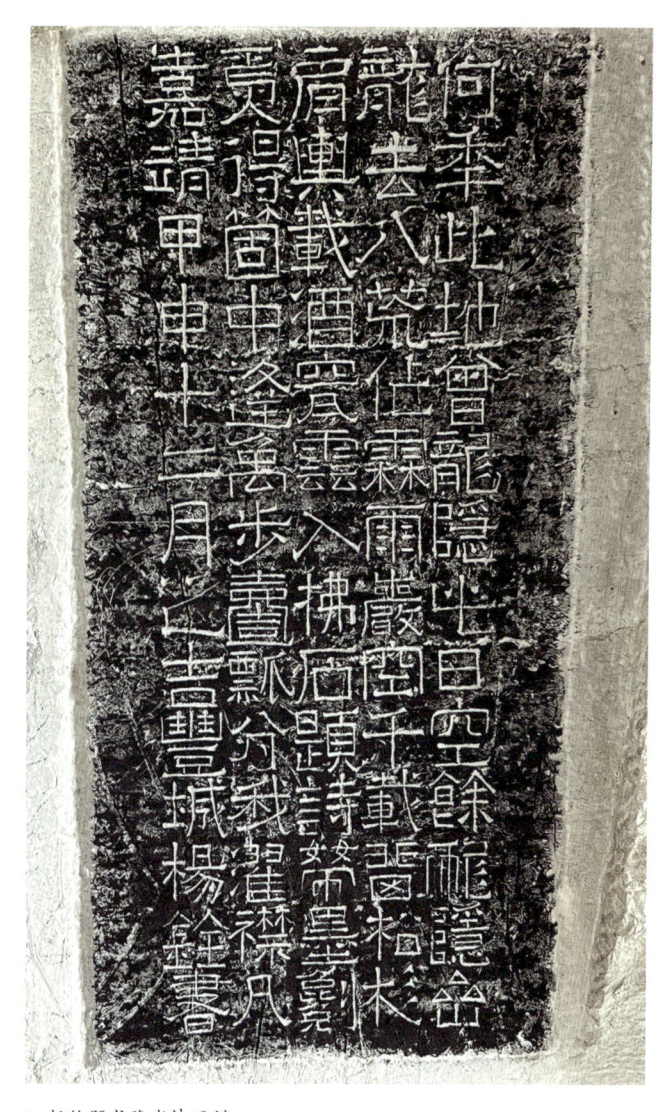

杨铨：一个在舜庙碑上展览的人　241

杨铨题龙隐岩诗石刻

全不同，杨铨只是剟毁了舜庙碑的部分碑面，他清清楚楚的大名迄今为止已在《舜庙碑》上展览了500年。

《桂林石刻碑文集》："杨铨在桂留诗刻二件，前后镌毁宋、唐摩崖石刻二件，此后凡知情者无不对此切齿。所幸此恶人作品不多，否则还不知有多少石刻毁于斧斤之灾。"《广西石刻人名录》："（杨铨）翌年二月十六日作五古长诗一首，刻于城北虞山唐代韩云卿《舜庙碑》之上，甚为可恶。"

杨铨为什么不怕后人讥刺和咒骂呢？

我认为这是杨铨的一种故意行为，他是有意为之的，目的是昭示他的一个观点，即杨铨不认为历史上真的有舜帝南巡崩于苍梧之野一事。杨铨在刻于《舜庙碑》上的五言古风中说："腐儒谬行役，系处真匏瓜。苦材竟何济，率物身且瑕。"舜帝南巡究竟到过五岭、到过桂林吗？是否真的崩于苍梧之野呢？从上述诗句中我们可以看出，杨铨对此是持否定意见的，这与韩云卿观点不同。韩云卿在《舜庙碑》中说舜帝"南巡守，崩于苍梧之野"，明显是持肯定意见。又说舜帝去世后，"南人怀思，立祠祷祭，历夏、殷、周、秦，拒乎有国，凡更十姓，享奠不替"，这说的是事实；还说"五岭之人，阴受帝祉"，这是对舜帝圣德的感怀与颂扬。而杨铨之所以把自己的五言古风刻于《舜庙碑》上，其目的极有可能是想表达与《舜庙碑》不一样的看法，他要借《舜庙碑》来宣扬自己不认同历史上确有舜帝南巡崩于苍梧之野一事的观点。换言之，剟毁《舜庙碑》部分碑面，并将自己的诗刻于其上，这是杨铨的一种故意行为。他故意将自己的名字刻在《舜庙碑》上展览，故意广而告之，所以他是不会在乎后人讥刺他、咒骂他的。

就在杨铨剷毁《舜庙碑》八年后的嘉靖十二年（公元1533年），时任桂林府知府姚世儒重修虞山庙，"刻唐韩云卿、宋晦翁夫子记文于石，以毕张子未就之志"，加深镌刻了《舜庙碑》。姚世儒任职桂林知府，距离李昌巙刻《舜庙碑》751年，石刻风化剥蚀在所难免。何况姚世儒看到杨铨刻在《舜庙碑》上的诗歌以及诗中表达的观点，两人对于舜帝南巡一事看法不一样，着眼点也不同，深刻《舜庙碑》正好可以回击杨铨的行为，更好地颂扬舜帝的圣德恩泽与垂教之功。我以为这极有可能就是姚世儒深刻《舜庙碑》的动因之一。

对于舜帝南巡崩于苍梧之野一事，其实历史上持怀疑态度的不乏其人。朱熹在《有宋静江府新作虞帝庙碑》一文中就说："熹窃惟帝之所以配天立极，法施无穷者，既非文字形容所及，而传记所称南巡不反，遂葬苍梧者，又非经言，无所考信，则皆罔敢知。惟是天理人伦之际，帝之所以幸教后世者。"张鸣凤更是直截了当地说："典无明文，故弗之信。"只是张鸣凤没有采取杨铨那样的行为，而是将观点写进了《桂胜》一书。万历三十七年（公元1609年）任广西提学佥事的魏濬也与杨铨持有相同观点，但是他又赞成桂林人"建庙以祀舜"的做法。他说："岭右，《禹贡》不载，履迹实所未至。古人遗迹，创自一人附会，后遂转相谬讹，率多类此。然三圣（笔者按，指尧、舜、禹三人）精神，如水行地，何所不在？使夷乡知所钦仰，亦佳事也。"

历代以来，在桂林立祠祷祭舜帝，正是为了宣扬舜帝的"巍巍荡荡之德"，颂扬舜帝对南荒的教化之功。从唐代的李昌巙、宋代的张栻、元代的也儿吉尼、明代的姚世儒，到清代的沈秉成，他们重修虞山舜庙的目的莫不如此。至于历史上是不是真的有舜帝南巡崩于苍梧之野一事，并不是大家关注的重点。而杨铨在诗中表达的重点之一，则是对舜帝南巡崩于苍梧之野传说故事的否定。

杨铨，一个在舜庙碑上展览的人。他还会一直展览下去。

再来说说杨铨这两件诗刻的书法。老实说，这样的风格在我看过的千余件桂林石刻拓片中几乎都没有看到，特色非常鲜明。这两件诗刻字体都是隶书，风格相同，最大的特点是：章法茂密，字间距、行间距都非常小，排列密密麻麻，呈现出一种密不透风的效果，因此也有了强烈的视觉冲击力。我一个朋友乍一看杨铨题龙隐岩诗石刻，说有《祀三公山碑》的味道。《祀三公山碑》是篆书，但融入了明显的隶书面貌，亦篆亦隶。我理解朋友的意思，或许应该是说杨铨的这件隶书作品呈现出的一种古拙之态。杨铨的这两件诗刻作品，笔法上多用方笔，横平竖直，没有隶书常见的蚕头燕尾；线条直来直去，有种生涩之感；结体上方折、宽博，字态拙朴无华。通篇格调古茂拙朴。

杨铨，除了因劓毁《舜庙碑》为人不齿外，从今以后，也有可能会因其书法的独特面貌而让人记忆深刻。

明代在桂武官书法举隅

纵观明代广西石刻，有两个重要内容，一个与靖江王有关，一个充斥着征伐与杀戮，年年岁岁平蛮不断，充满血腥味。有明一代，广西及周边各地的农民起义、农民暴动此起彼伏，这其中又以古田县凤凰村（今属永福县永安乡）壮人韦朝威、韦银豹父子领导的农民起义最为持久，从弘治五年（公元1492年）开始，到隆庆五年（公元1571年）结束，前后历时79年。从明廷方面举例，仅从成化元年（公元1465年）到弘治十二年（公元1499年），34年时间里，一个名叫杨观的明廷军官参与征讨镇压的暴乱事件就多达十起，这其中就包括弘治五年韦朝威领导的"古田寇乱"。

正因为如此，明代有许多武官来到了广西，游山玩水之余也留下了一些石刻。本文略举几例，从书法角度来看看明代在桂武官的石刻面貌。

先说周于德。

周于德字南墩，江苏淮安人，于嘉靖三十四年（公元1555年）任镇守广西征蛮副将军。值土人久乱，抚剿多功，地方感之，祀崇报祠。在桂期间，周于德留意地方名胜，重通桂林榕树楼，并于隐山六洞、宝积山华景洞等处留有石刻作品多件。目前，其华景洞题诗石刻已难寻觅，拓片难辨。隐山六洞题诗中，如今只有南华洞、夕阳洞、北牖洞题诗保存完好，白雀洞题诗已毁，嘉莲洞题诗残毁。至于朝阳洞题诗，我从未见到，据《桂林石刻碑文集》，其录文多有缺失，原因是"1970年左右，此碑缺字处被人为损毁"。周于德在隐山朝阳洞题诗序言中说："隐山六洞，唐吴武陵、韦宗卿各记其奇绝，宋张南轩欲构亭其侧而不果。世季兵燹，湮塞□□。迨元及今，予始按《志》寻求，□□伐石，六洞复开。嘉靖丁巳秋九月也。各诗以志之。"

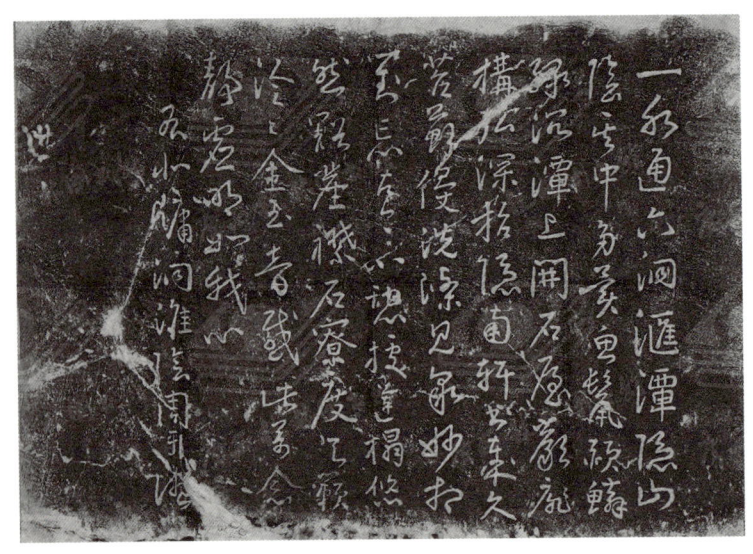

● 周于德隐山北牖洞题诗拓片

周于德北牗洞题诗石刻云："一水通六洞，汇潭隐山阴。其中多异鱼，鬣頯鳞绿沉。潭上开石屋，岩扉构弘深。招隐南轩书，岁久苔藓侵。洗涤见众妙，相对忘古今。小憩据莲榻，悠然豁尘襟。石寮度天籁，泠泠金玉音。感此万念静，虚明如我心。右北牗洞。淮阴周于德。"石刻高49厘米，宽82厘米。行草书，字径3.5厘米。我每次踏勘隐山北牗洞，特别是呬摸李渤、吴武陵等十九人隐山北牗洞题名石刻时，都要抵前看它一眼。碑面由于常年遭受烟熏火燎（经常有市民、游客给洞内的观音像上香）而愈发黝黑了。周于德书法不错，中锋用笔，线条流畅，结体稳健，像章草一样字字独立，面貌清秀。

再来看俞大猷。

俞大猷字志辅，号虚江，福建晋江人。抗倭名将。任福建总兵官时，屡建大功，与戚继光齐名，时称俞家军。嘉靖四十三年（公元1564年），俞大猷任两广总兵官，与两广总督同镇梧州。隆庆二年（公元1568年）录功进右都督。《明史》评价俞大猷说："大猷负奇节，以古贤豪自期。其用兵，先计后战，不贪近功。忠诚许国，老而弥笃，所在有大勋。"隆庆五年，俞大猷在古田百寿岩（在今永福县百寿镇）刻诗一首。石刻云："相逢尽问事何如，我亦九夷一度居。此日但能行笃敬，他时可使户诗书。柔作刚克功常罔，恩用威施化有余。开辟千年今再见，却疑天地果无初。闽虚江俞大猷书。"《八桂古刻 书史遗珍》给予该石刻书法很高评价，说："是碑字字独立，楷、行、草兼搭，字形端庄威严，线条挺拔阳刚，行草婉转流动，整体动静结合，自然天成。"不过，

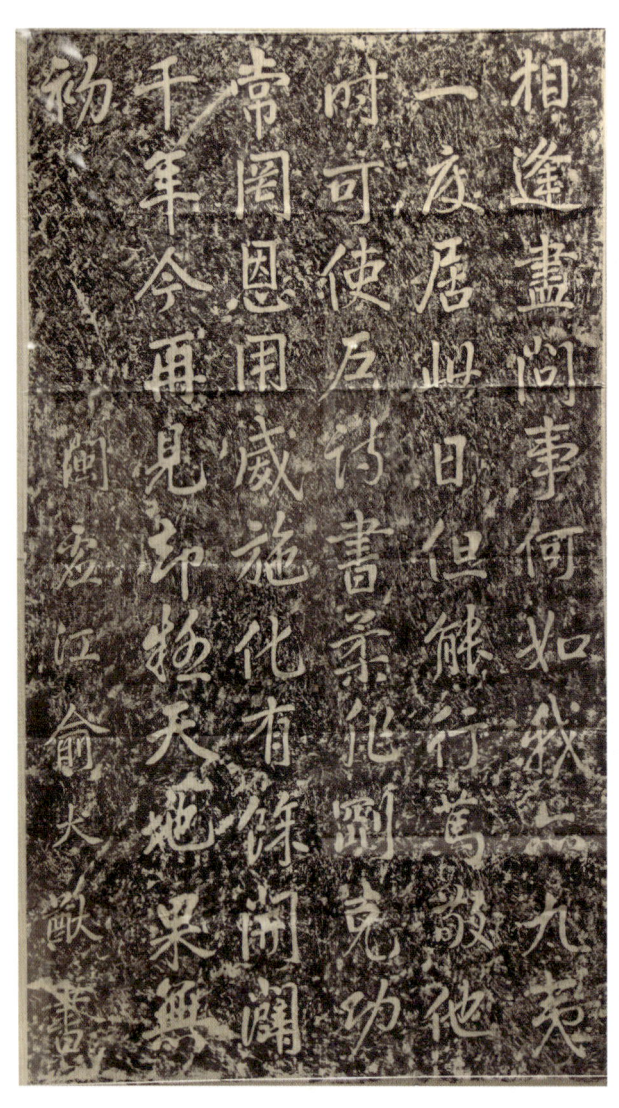

俞大猷永福百寿岩题诗拓片

我以为俞大猷该题诗书法要逊于周于德北牖洞题诗，有个别字书写亦不规范，比如"我亦九夷一度居"之"度"字，易被误认作"庋"字。"柔作刚克功常罔"之"作"字易被误认作"化"字。隆庆五年十月，俞大猷游览阳朔，于阳朔独秀山西侧来仙洞上方石壁镌刻了"云台啸卧"四大字。石刻高50厘米，宽170厘米。真书，字径47厘米。书法结字严谨，笔画粗壮，气度不凡。

第三讲讲王尚文。

王尚文字宝江，明真定人。自署"东浙"人。嘉靖十一年（公元1532年）赐武进士第二。累官福建总兵官，挂征蛮将军印。累迁后军都督。于万历八年（公元1580年）七月重修桂林虞山南薰亭，万历十年（公元1582年）春天游桂林月牙山龙隐岩，题诗一首，镌于石壁。诗云："神物幽潜岩穴间，一朝变化震遥寰。甘霖已遂苍生望，犹挟风云万里还。"该石刻高90厘米，宽60厘米。草书，字径10厘米。石刻书法在龙隐岩众多优秀作品中亦算经典之作。《八桂古刻 书史遗珍》称其"用笔圆转流畅，线条力透石背，雄强大气，酣畅淋漓，是广西珍贵的草书石刻作品"。我完全赞同这一评价，看来武进士第二的书法实在也是不容小觑的。

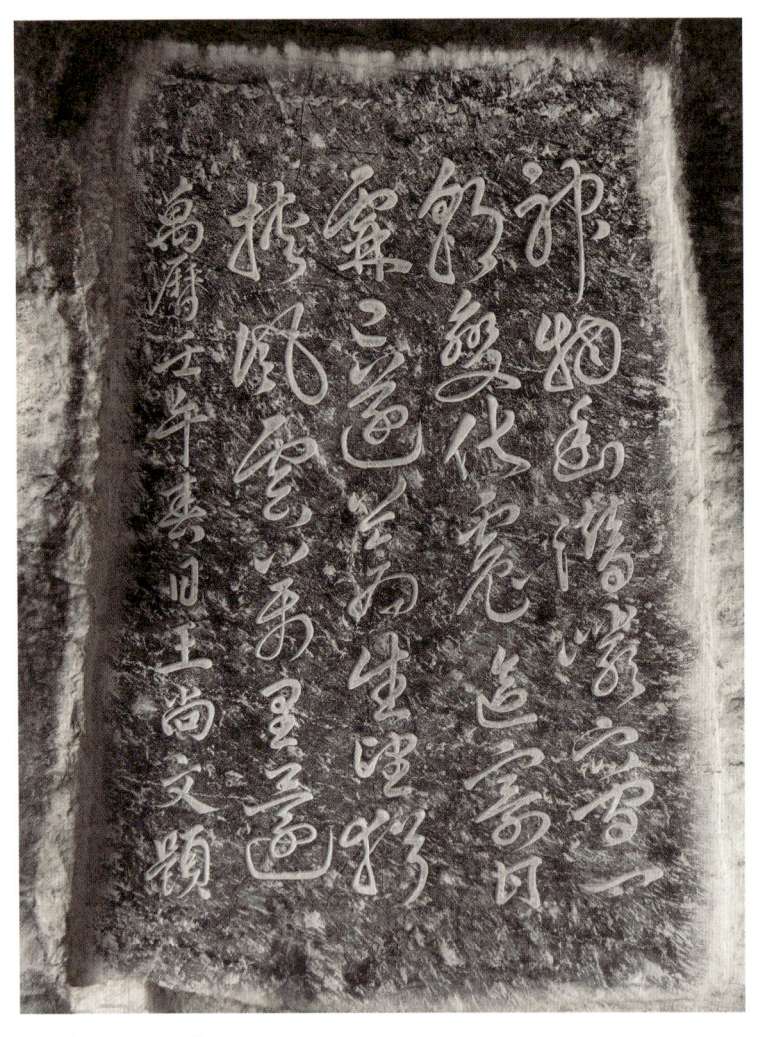

● 王尚文龙隐岩题诗石刻

最后来看王鸣鹤。

王鸣鹤字羽卿，江苏淮阴人。武进士。明万历三十一年（公元1603年）秋天，征蛮将军、都督佥事王鸣鹤抵达桂林。九月十六日，巡抚广西等处地方赞理军务兵部右侍郎兼都察院右副都御史杨芳邀请王鸣鹤饮于龙隐岩。岩内的《元祐党籍》碑及一年前镌石的杨芳皮林记事碑给王鸣鹤留下了深刻印象。"读元祐党人之碑，则志悲千古；诵皮林纪功之石，则威振百蛮。既探洞壑之幽奇，复藉樽罍以酬酢。顷焉，东山月上，画舫继登，肴核再陈，洗觞更酌。拟之赤壁之游，未必多让。"这是一次令人难忘的山水游宴！来而无往非礼也，这年暮冬时节，王鸣鹤邀请杨芳赴省春岩探春，两人以梅花为题，吟咏唱和。"折来香满凭风引，刻罢诗成赖酒催。"又是一次次的把翰行觞。次年开春，杨芳、王鸣鹤同游白龙洞、风洞山，小集逍遥楼。王鸣鹤是军人，但是"雅好文"，杨、王两人每每即席命题作文，分韵赋诗，好不逍遥。快乐的日子总是短暂的。万历三十二年（公元1604年），思明府（今崇左市宁明县）土目陆佑与韦达礼交易失信，招致骚动。"陆佑胁四寨三郸兵反"。万历皇帝命令广西巡抚杨芳总督广东、广西两省汉、土官兵前往剿杀讨平。王鸣鹤身兼广东总兵和广西总兵之职，总统诸师。其间，陆佑自知罪重逃入安南。杨芳等人一面议剿，一面传檄安南擒献，陆佑势穷自刎。此一役，"生擒首从贼八十二名，斩级一千一百四十九躯颗，夺获贼仗称是。俘获贼属八十九名，招降男妇二万四千四百三十七名口，元凶授首，剧恶成擒"（详见杨芳思明府纪事碑，摩崖在省春岩）。

万历三十三年（公元1605年），王鸣鹤挂印总兵官。王鸣鹤在桂林、阳朔留下多件题诗石刻，但最为人常见、也最为人喜欢于其地拍照的，当属一件题字石刻，这就是位于桂林叠彩山的"江山会景处"五真书石刻。综观王鸣鹤题诗石刻，我认为"江山会景处"五大字是其所有石刻中书法写得最好的。

● 王鸣鹤题"江山会景处"五真书石刻

桂林寿字石刻书法举隅

永宁州古城，位于永福县百寿镇。永宁州在宋代时称为古县。远离京城的古县，和其他的县城并没有什么两样，人们逐水而居，过着日出而作、日入而息的日子，整个古县小城氤氲着一种闲适平静的气氛。宋绍定二年（公元1229年），一件摩崖石刻的诞生打破了这座小城的平静。

这件摩崖石刻就是广西永福县百寿图石刻，由时任古县县令史渭主持刊刻而成。石刻位于夫子岩，现称百寿岩。整个"寿"字高175厘米，宽148厘米。篆书用笔，浑厚古朴。在大"寿"字中，还阴刻有一百个小寿字，真草隶篆，诸体皆备，穷尽"寿"字的古体写法。这件"寿"字石刻一经刻成，很快就成为古县的一大文化景观，成为老百姓心神向往的精神圣地，并被赋予了种种神奇的色彩。直至清光绪年间，在坊间还流传有一种说法，说是用朱砂拓印这一"寿"字，把它放在行囊中，可以镇风涛。

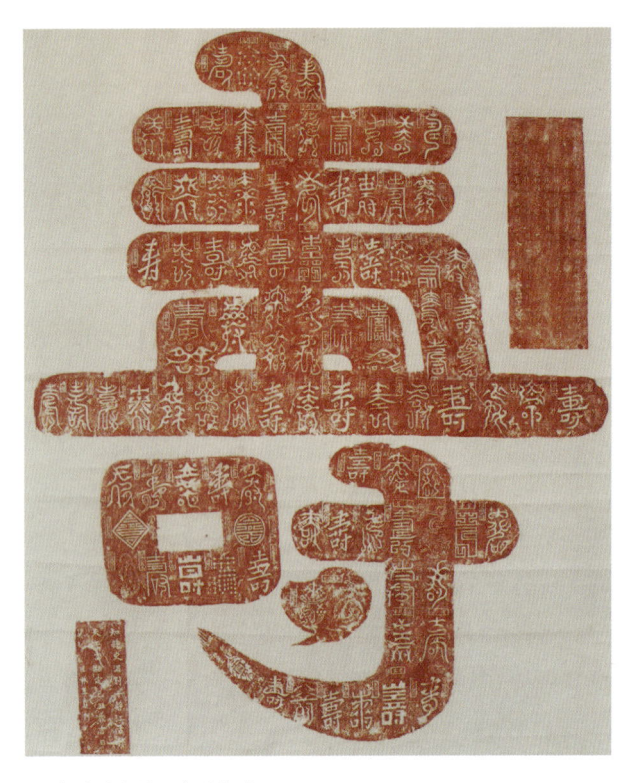

● 史渭刻永福百寿图拓片

据悉，永福百寿图石刻是现今所见的中国时代最早的、集古代单字诸体于一身的古代摩崖石刻，对宋以后的百寿图、万寿图都有重要影响，充分体现了中华文字文化的博大精深，在全国摩崖石刻中独树一帜。2008年9月，永福百寿图石刻获上海大世界吉尼斯纪录，"含同字异体最多的古代摩崖石刻"，永福百寿图为世界第一。

在桂林叠彩山支峰四望山西南麓的一块天然巨石上，镌刻有一大"寿"字，高169厘米，宽125厘米。真书，字径100厘米。款行书，字径5厘米。署款写着"云龙逸客为上彩岩宗侯千祝"字样。云龙逸客、彩岩宗侯均失其名，石刻亦未署年月款。明代中后期，桂林宝积山东面及叠彩山麓皆被靖江王宗室辟为别业，该"彩岩宗侯"者即靖江王宗室成员。当年为了洗刷清楚署款字迹，我舀来一瓢水徒手擦拭碑面，竟至于手指皴破了皮都不觉得。这件祝寿石刻最亮眼之处，在于承载"寿"字的天然巨石外形非常像一只大寿桃，比永州浯溪碑林那件寿字石刻还要像得多，祝寿内容与巨石形式在这里结合得天衣无缝，堪称一绝。

● 云龙逸客书"寿"字石刻

在中国人心目中,"福寿文化"是民俗吉祥文化的核心,"福寿双全"是人们的美好追求。福如东海长流水,寿比南山不老松。福寿石刻是中国石刻文化的一个重要组成部分。泱泱中华石刻文化,历来不乏寿字石刻。遍布全国各地山崖名胜的诸多寿字,大笔如椽,机杼从心,让人想见铁画银钩间宝墨飞腾、笔走龙蛇的磅礴气势。

在清代桂林,郭司经有两件"寿"字石刻,一件真书,一件行书。郭司经字修文,山西汾阳人,善书法。时人评价其书法曰:"我修文兄字学功深,得方在《圣教序》一册。而笔势纵横驰骋,如生龙活虎,不可捉住,洵评右军书所谓'龙跳天门,虎卧凤阁'者欤!"郭司经真书"寿"字石刻位于独秀峰西北麓,刻于光绪七年(公元1881年),上有谢湘如、李钟瀛、许汝霖、秦焕等人的跋语。行书"寿"字石刻位于叠彩山北牖洞外,刻于光绪八年(公元1882年)。为什么时隔一年刻了两个寿字呢?原来刻于独秀峰西北麓的"寿"字石刻在光绪七年刻成后不久,因上方独秀峰山体遭雷击,崩落的石块将摩崖顶部砸毁了。于是桂林知府秦焕等人再请郭司经重写一"寿"字(写于光绪八年)刻于叠彩山,同时又将刻于独秀峰西麓已损毁的"寿"字中的谢湘如、李钟瀛、许汝霖、秦焕等四人的跋语移刻到叠彩山"寿"字石刻碑面,以至于就出现了叠彩山"寿"字石刻跋文早于"寿"字作品一年的现象。顺及,以前桂林导游在讲解叠彩山"寿"字石刻时,曾编撰出一个郭司经因写此"寿"字而官运亨通、连升三级的故事,不清楚这个故事现在还讲不讲。在桂林,郭司经不仅刊刻了两件

桂林寿字石刻书法举隅　　257

郭司经书"寿"字拓片

"寿"字石刻，还刊刻了一个"福"字石刻，以及一副福寿对联石刻，均位于独秀峰。

另外，在叠彩山风洞外，有光绪六年（公元1880年）八月范梁跋刻、范为金书写的"仁中寿"三字；在独秀峰顶，有湖南清泉信士王振棋于光绪二十七年（公元1901年）十月立的"寿"字碑；在伏波山还珠洞，还有谢光绮于光绪三十二年（公元1906年）十一月刻的"眉寿"二字。相比较而言，头品顶戴、广西巡抚张联桂于光绪二十一年（公元1895年）三月镌刻于独秀峰南面石壁的"寿"字石刻更为市民、游客瞩目。该"寿"字是慈禧太后书写的。石刻高203厘米，宽106厘米。"寿"字行书，字径154厘米。

● 慈禧太后书"寿"字石刻

顶刻篆书正方玺一方，文为"慈禧太后御笔之宝"。据石刻跋语，此"寿"字是五个月前慈禧六十大寿时写的，写好后赐赠给张联桂。张联桂"敬谨钩模刊石于独秀山之阳，俾岭表臣民咸共瞻仰，以宏寿考作人之化"。

永福石刻数量不多，但仅凭一件百寿图，就足以跻身于桂林石刻之林，特别是在展示福寿文化方面，还找不出哪一件石刻能享有百寿图那样的声誉，历经快八百年了，依然长盛不衰。斯人已去功绩在，万古千秋英名扬。史渭镌刻百寿图的壮举必将永远为世人所铭记。而叠彩山在有了郭司经写的"寿"字后，坊间，特别是旅游界，近年来更是将叠彩山称为寿山。诸此种种，莫不寄托了世人对中华福寿文化的倾心与热望，充满了世人对人世的美好祝福。

灵渠水，从这里流过

乾隆十四年（公元1749年）春，宛平人查礼由农部郎官出为粤西郡贰，当年八月至桂林，九月九日登逍遥楼，"楼久废，基犹存"，"右有大历五年正月一日颜真卿书'逍遥楼'三大字碑，结体端楷，笔力遒劲，人争拓之"。（见查礼《游逍遥楼记》）还记得我在本书《颜真卿书桂林逍遥楼碑之谜》一文中讲到的：明代魏濬《峤南琐记》，与清代汪森《粤西丛载》、谢启昆《广西通志》里写的时间款都是"大历丁巳"，这与查礼写的"大历五年正月一日"不同。尽管《广西通志》对时间款还注明有尺寸，但看来谢启昆的人真的是犯了低级错误了。

乾隆十九年（公元1754年）九月三日，时任广西庆远府（今广西宜州市）同知的查礼携家人游览桂林虞山，并题诗作记镌刻于石壁。诗云："萧疏秋气碧天空，苍翠林峦一径通。古殿尚崇虞帝像，青山常覆二妃宫。晚凉已作催花雨，节近先吹落帽风。亭角凭栏江上望，云深峰乱树丛丛。"记云："乾隆甲戌秋九月三日，游虞山，小息南薰亭，宛平查礼题于山之左崖。是日晓雨过山，秋风入槛，正黄花时也。"相比较而言，我更喜欢记中所写的最

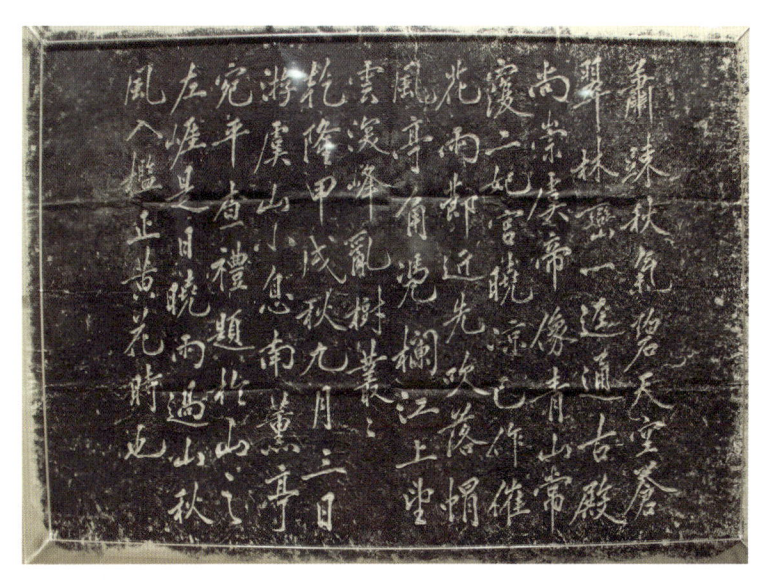

● 查礼虞山题诗拓片

后一句话，很有诗意。从书法角度看，全篇字势修长，撇捺开张，有黄庭坚书风的影子。《八桂古刻 书史遗珍》称："作品点画细挺，结构疏朗，风格飘逸，有宋代黄庭坚意；章法行列紧密，左右穿插，大小一任自然，整体平和潇散。"

此时查礼从宜州来桂林，是为了灵渠修浚工程一事。"九月，方伯檄礼先期来此，穷江之源委，堪工之残缺，且计需用之数。十月，制军躬历灵渠，相度筹画，乃以礼董其役。"乾隆十九年的灵渠修浚工程，经始于当年的十一月，竣工于次年四月。竣工之际，查礼在灵渠飞来石上镌刻了"灵渠"二大字。这件石刻是灵渠的著名石刻，为许多人所熟知。石刻上款是："大清乾隆二十

● 查礼题"灵渠"二大字石刻

● 查淳题"湘漓分派"四大字石刻

年春三月。"下款是："诰授奉政大夫、同知广西庆远府事、监修湘漓江工、前户部陕西清吏司主事宛平查礼题。"从下款款识可以看出查礼对修浚灵渠事非常重视，他对题写"灵渠"二字也是非常在意的。"灵渠"二字行楷书，结体挺拔娟秀，端庄工稳。署款真书，笔势开合自然，较虞山题诗而言，略有收敛，似乎更多了一些赵孟𫖯书风的影子。乾隆二十三年（公元1758年），查礼升任太平府（今广西崇左市）知府。查礼在广西为官总共14年。

乾隆五十六年（公元1791年）仲秋，查礼的儿子、时任桂林府知府的查淳游览灵渠，其时查礼已过世八年。看着飞来石上镌刻的"灵渠"二大字，查淳情动于中，挥毫写下"湘漓分派"四个大字，刻碑立于灵渠铧嘴。碑今移至灵渠四贤祠内。查礼在《复修灵渠记》中曾写道："湘漓水源出海阳山，东北流九十里至兴安县，分水为二，兴安城在始安峤上，地故高峻……峤北为湘川，南则漓水。灵渠即漓水也，为秦郡监史禄始凿以通粮运。"查淳题写"湘漓分派"四字，既是对父亲的怀念，也是对这段文字的一个概括性注脚。"湘漓分派"四字行书，笔墨厚重，线条流畅，"湘漓"二字稳重，"分派"二字灵动，一动一静，相得益彰。和"灵渠"二大字一样，"湘漓分派"四大字也是灵渠的著名石刻。

自从史禄开凿灵渠后，汉代马援、唐代李渤、鱼孟威，宋代李师中，元代也儿吉尼，明代严震直，清代陈元龙，等等，皆主持对灵渠进行过修浚、重修，也留下了许多事关灵渠修浚的文字与碑刻。这其中有一件重要碑刻，即今位于灵渠四贤祠里的黄裳《灵济庙记》碑。

● 黄裳《灵济庙记》碑

黄裳《灵济庙记》碑记录了元代也儿吉尼对灵渠的一次重修活动。碑文由元代进士黄常撰写。而现存黄裳《灵济庙记》碑文是元代进士黄常《灵济庙记》的修改、删减版本。该修改、删减版本至迟始于明嘉靖《广西通志》，而现存黄裳《灵济庙记》碑文至迟在清康熙初年已完全定型。黄裳《灵济庙记》碑自1982年出土以来，一直被认作是元碑，其实应该是清碑，镌刻时间我认为是在清雍正年间。详情可参拙文《黄裳〈灵济庙记〉碑考略》。

从书法风格来看，现存黄裳《灵济庙记》碑是非常成熟的赵孟頫书体。赵体字在清康、乾年间十分流行，特别康熙推崇董其昌、赵孟頫字体，并亲力亲为临摹赵体，以至于康熙年间赵孟頫书体在社会上形成了一个高潮。因此，倘若从书法角度来评价黄裳《灵济庙记》碑，我以为不妨这样描述：今兴安县灵渠景区四贤祠里现存黄裳《灵济庙记》碑可以看作是赵体字在岭南流行的一个见证。这比我之前讲查礼题"灵渠"二大字石刻的书法有赵孟頫书风的影子应该更为重要，也更有意义，毕竟查礼是宛平（今北京通州）人，是外来官员，而黄裳《灵济庙记》碑就立于兴安灵渠，有可能就是本地书家所书。

灵渠水，从这里流过。

清代的人，清代的石刻，他们、它们，都与灵渠相关。我撷取若干，立此存照。

书法，一个有意味的形式

光绪三十一年（公元1905年）五月的最后一天，广西按察使、嘉鱼县人刘心原开缺还里，行前与同官沈赞清、彭谷孙、汪瑞闿游览龙隐洞。在这里他们看到了北宋大臣曾布于元丰二年（公元1079年）镌刻的一件题名石刻，石刻写道：

南丰曾布己未上巳，尽室泛舟，历览东观岩穴之胜，遂游雉山。

这件《曾布尽室泛舟题名》石刻高152厘米，宽100厘米。篆书，字径18厘米。二十四字，分四行，行六字。用笔圆中有方，结体宽博挺拔。曾布是北宋著名的书法家，今流传作品多是行书，这件尽室泛舟题名是其唯一的篆书作品。刘心原善古文，工书法，尤擅长篆书。对甲骨文、金文、石鼓文及古音韵学的研究颇有成就，被誉为清末民初集大成者。刘心原对曾布这件题名石刻作品非常喜欢，曾布题名石刻距刘心原来访时已历经826年漫长春秋，其下半部分被泥沙掩埋，于是刘心原等人将石刻清理出来，又特意写了一段话，记录这一观石去沙过程，并由刘心原用

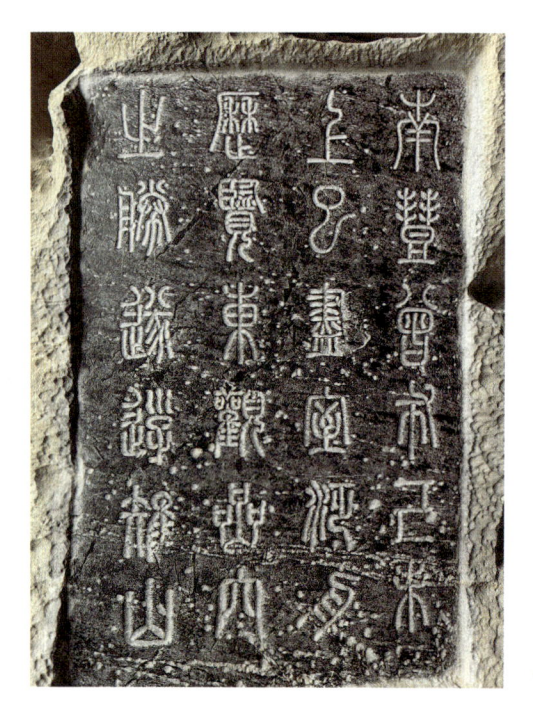

● 曾布尽室泛舟题名石刻

他最擅长的篆书书写,刻于龙隐洞。

大清光绪卅又一年五月晦日,广西按察使、嘉鱼刘心原开缺还里,同官侯官沈赞清、长州彭谷孙、盱眙汪瑞闿,同游龙隐。观宋曾布题名半没沙中,出之,题此记念。心原篆,零陵贺绍鹤刻,湘乡刘松云察。

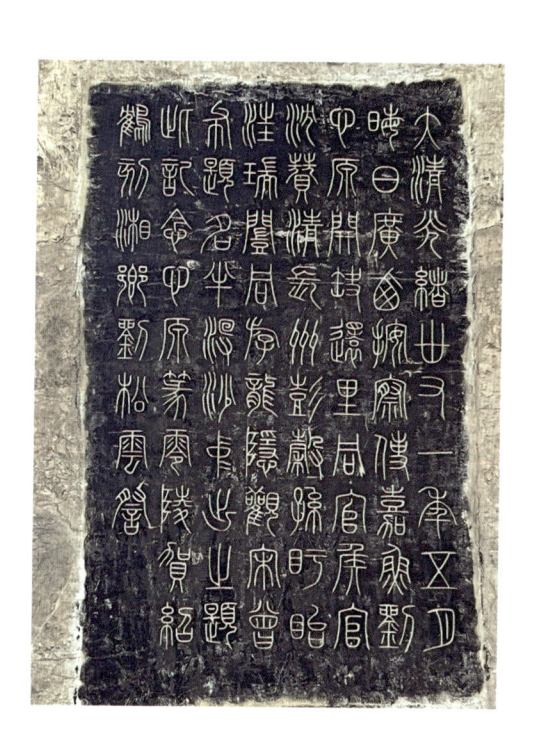

● 刘心原等四人游龙隐
洞题名石刻

书法，一个有意味的形式。

特别是当我们比较曾布、刘心原二人相隔826年时光的篆书作品时，我们的感受是什么呢？这件曾布篆书题名，尽管只有短短24字，却吸引了金石学家刘心原的关注，在被解职返乡前还专程前来寻访，又把寻访经过同样用篆书书写并刻在龙隐洞，成为了桂林石刻文化中的一段佳话。二者虽同为篆书，但区别是明显的。笔画线条上，曾篆敦厚，刘篆细挺；布局上，曾篆疏朗，刘篆茂密，字距行距几乎一样。刘心原在龙隐岩里还有一件饯别题名石刻，与游龙隐洞题名为同一天，也是篆书。内容是："光绪乙巳五月晦日，侯官沈赞清雁谈、长州彭谷孙子嘉、盱眙汪瑞闿颉句，钱嘉鱼刘心原幼丹于此。"相较而言，该饯别题名书法线条更是细小了一圈，妥妥的铁线篆了。

刘心原篆书面貌让我想起了宋代陈孔硕用篆书书写的《卦德亭铭又叙》石刻。陈孔硕是朱熹、吕祖谦门人，同时亦工书法，且以篆书、隶书见长，人称其"篆法极妙"，且"词章翰墨，为近世第一，笔势遒美"。《桂林石刻书法选集（唐宋卷）》称其《卦德亭铭又叙》石刻书法"在小篆基础上参以大篆笔意，遒劲高古，实为宋代篆书石刻之精品"。《八桂古刻 书史遗珍》称其"文小篆……小篆屈曲流转，圆劲通透，出锋较尖，颇多灵动。有东汉《袁安碑》《袁敞碑》之风味"。秦文文等《读石观史——桂林书法石刻网络展》则称："此件作品有东汉《袁安碑》和《袁敞碑》之艺术特征，用笔以圆笔为主，线条圆融、劲健，收笔多尖笔，表现出了屈曲婉转之态。"高古、遒劲、灵动是陈孔硕《卦德亭铭又叙》石刻书法的重要特征，与刘心原篆书相比，二者时间上相距691年，篆书面貌差别也大，特别是高古、灵动两条。如果请你选择，你觉得哪一个更好一些呢？

书法，的确是一个有意味的形式。

桂林石刻中不乏历代著名书画家的手笔，比如唐代李阳冰、韩秀实、郑叔齐，宋代燕肃、石曼卿、米芾、张孝祥、范成大、张栻、吕胜己、柯梦得、陈谠、陆游、易袚、陈孔硕、方信孺，

● 陈孔硕撰《卦德亭铭又叙》拓片

明代周天球、杨芳，清代袁枚、阮元、康有为、陈维湘、刘心原等人，在桂林均留下遗墨，有的还是独一无二的绝品，具有极高的艺术价值。

不同的书法面貌，呈现了一个五光十色的书法大观园。

在月牙山龙隐岩《元祐党籍》碑的左下方有一件石刻，上面凿痕累累，可以辨认的只有12个字"李膺司马公朱子高顾二先生"，其余的均被剜毁，这件石刻的作者就是康有为。

康有为，中国近代维新改良派领袖，保皇派首领。毛泽东称誉他是"先进的中国人"。他熟读儒学，却又斥之为伪经；他宣扬忠君保皇，却又娶日本老婆，炒墨西哥地皮，做加拿大股票。

光绪十七年（公元1891年），康有为写成了当时标新立异的著作《新学伪经考》。该书在给康有为带来名气的同时，也埋下了祸根。光绪十九年（公元1893年），康有为乡试考得第八名，成为举人。次年二月，他与梁启超一同入京会试，谋求功名，不料名落孙山，只好灰溜溜回到广东。祸事接踵而来。给事中余晋珊趁机弹劾他，说他"惑世诬民，非圣无法"，就像春秋时的少正卯，倡导异端邪说，圣世不容。这件事的后果，一是焚毁《新学伪经考》，二是禁止康有为在广东讲学。这样一来，康有为在广州待不下去了。这时，他想到一个人，曾于光绪十八年（公元1892年）拜入其门下的桂林人龙泽厚。当年，龙泽厚曾力邀康有为前往桂林讲学。于是，光绪二十年（公元1894年）十一月，37岁的康有为由广州启程，从水路经梧州再溯漓江而上，开始了他的第一次桂林讲学之旅。

康有为第一次桂林讲学并不顺利，他只能把更多的时间用于游历桂林山水，每天搜岩剔壑。在叠彩山北牖洞口镌刻有一件康有为的居风洞题记石刻，就是康有为第一次桂林讲学期间写的。石刻内容是：

光绪甲午之腊，南海康长素以箸书被议，游于桂山，居风洞月余。

石刻高70厘米，宽35厘米。行书，字径5厘米。字迹被时人凿毁，但尚可辨识。康有为于光绪十五年（公元1889年）著成《广艺舟双楫》一书，书法上提倡"尊碑"之说，推崇汉魏六朝碑学。

康体书写上以平长弧线为基调,转折以圆转为主,结体上长撇大捺,气势开张,饶有汉人古意,但也有人认为这是表面上虚张声势的火气。有论者说:"南海于书学甚深,所著《广艺舟双楫》颇多精论。其书盖纯从朴拙取境者,故能洗涤凡庸,独标风格。然肆而不蓄,矜而益张,不如其言之善也。"理论是一方面,创作又是另一方面。《八桂古刻 书史遗珍》评价康有为居风洞题记石刻书法时,说:"其将碑的笔法融入行书笔法之中,是康有为尊碑抑帖书法艺术思想在创作实践中的具体体现。"

所以说,书法,是一个有意味的形式。

康有为在桂林搜岩剔壑期间,在叠彩山支峰于越山发现两个岩洞,遂为其命名,一个叫康岩,一个叫素洞,还写诗说:"康岩素洞足烟霞,桂树幽幽吾所家。"康岩石刻,我一直没见过。据《桂林石刻碑文集》:"题字篆书,字径17厘米。"又说:"摩崖于抗日战争时期修防空洞被毁,碑面尺寸不明。"素洞呢,今存。康有为素洞石刻内容是:

素洞 光绪廿一年正月,南海康祖诒长素父与临桂周榕湖、龙赞侯、龙左臣搜岩得此,因自名之。

石刻高43厘米,宽67厘米。题字篆书,字径19厘米;跋行书,字径3.5厘米。这件石刻是康有为留在桂林的四件摩崖石

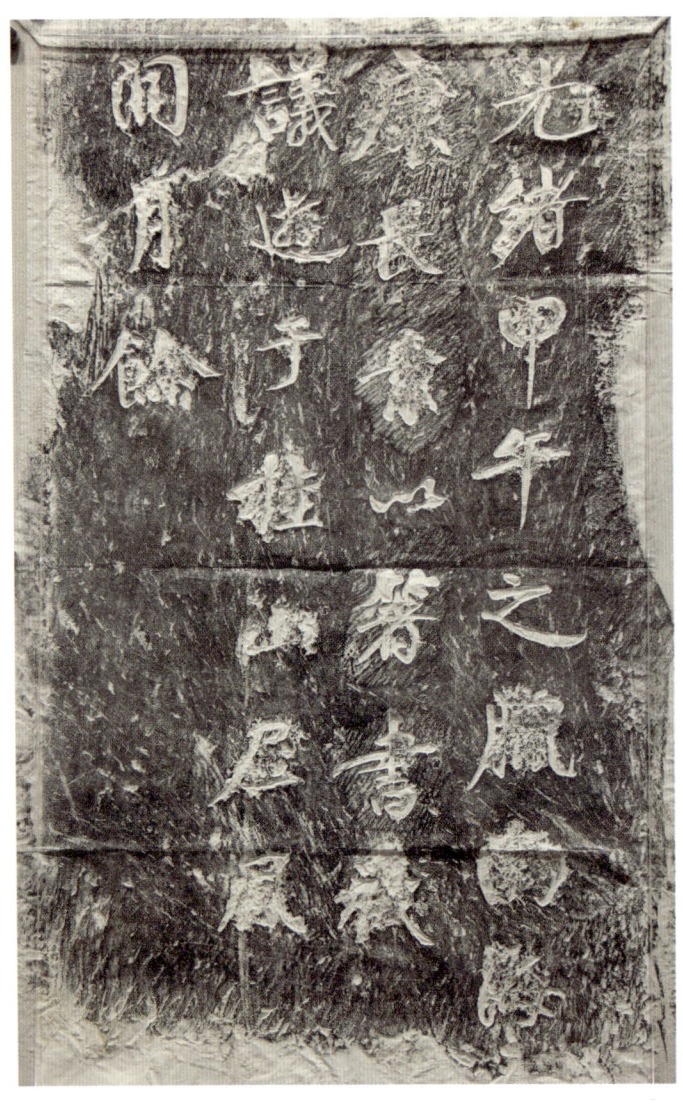

● 康有为居风洞题记拓片

● 康有为题"素洞"二字并跋石刻

刻中唯一保存完好的，没有任何的人为破坏痕迹。但世易时移，如今已无路可抵洞口，所以一般人无缘得见。我有必要把它列出来。

第四件石刻就是位于龙隐岩的《观元祐党人碑记》。讲学期间，康有为来游龙隐岩，在《元祐党籍》碑前沉吟良久，想着自己因著书被议，避祸桂林，不由得感慨万分，奋笔写下了《观元祐党人碑记》，并镌刻上石。光绪二十三年（公元1897年）正月十日，康有为第二次到桂林讲学。当年四月，康有为携门人龙泽厚、龙焕纶、龙朝辅、汤觉顿、王浚中等十余人，骑马游龙隐岩，再次伫立《元祐党籍》碑前，依然百感交集，写诗三首。"煴相熏天锢党人，鞭鸾笯凤已千春。只今龙隐岩边路，却为遗碑动马尘。"这是其中的第一首，遗墨如今收藏在广西桂林图书馆。桂海碑林博物馆把其中的"只今龙隐岩边路，却为遗碑动马尘"两句依笔墨原样放大，镌刻上石，立于博物馆大门口。至于康有为《观元祐党人碑记》石刻，戊戌变法失败后，石刻被凿毁，仅剩下前文所说的12个字。可惜了！

康有为两次桂林讲学，宣扬维新变法思想，可辛亥革命后他却沦为了保皇党，如今镌刻于桂林山崖石壁间的康有为居风洞题记、于越山题"素洞"并跋，以及残毁的观元祐党人碑记石刻，以石刻这一载体，以书法这一有意味的形式，记录着康有为在桂林的曾经岁月。

书法，一个有意味的形式（续）

在叠彩山仙鹤峰北面山腰的豁然台遗址，有一件清代广西著名画家李秉绶跋刻文彦博书"江山万里"四字摩崖石刻。

2020年11月，桂海碑林博物馆的工作人员到此拓片。当我第一眼看到宋代文彦博书"江山万里"四字时，马上将其与广西著名书法家、教育家伍纯道老师的颜体书风联系起来，与颜真卿书风联系起来。待我再仔细看下方的李秉绶跋语，忍不住激动起来："今观此四字，其端威重望之气犹溢于楮墨间也。"所谓端威重望之气，不就如同我对颜体书风的一个比喻吗？对于颜真卿书法，我曾有个比喻：其字给人的感觉就像一位德高望重的老者端坐中堂，你推门进去，看见后不由自主地会肃然起敬。早在南宋端平前的某日，张琮登上容州逍遥楼，看到牌匾上颜真卿写的"逍遥楼"三个大字，颇有感慨。"扁榜谁其书，太师龙蛇字。弹压南容笑，江山倍增气。"又说："我来登斯楼，凛凛敬节义。"张琮从颜真卿的书品见其人品，更从颜真卿人品誉其书品，人品为书品加持。所以当"江山万里"四字甫入眼帘时，我竟无语凝噎。

● 李秉绶跋刻文彦博书"江山万里"四字拓片

　　李秉绶在跋语中还讲述了辽使耶律永昌见到文彦博的故事，"曩时辽使耶律永昌来聘，见公于殿门外，却立改容曰：'此即文潞公耶？'"这正是书品即人品，以及字如其人的最好注脚。怪不得李氏要将此四字书法"镌于李园之豁然台，以镇山隈"，作为镇山之宝了。

　　李秉绶字芸甫，原籍临川，李宜民子。工书画，梅竹尤佳，兴到落笔，脱弃凡近。相较于他留在桂林山崖石壁上的四组八幅兰竹图绘画，我更看重他在叠彩山仙鹤峰碧霞洞口题刻的"墨云深处"四字书法。我曾在2010年6月12日的博客中记录当天拍摄

"墨云深处"石刻的经过和一些细节。

　　李秉绶的"墨云深处"石刻，看得不是很清楚。当时，我试着用手擦拭了一番，最远只够得着"临川李秉绶"的"临"字。于是我走下去，到木龙湖职工食堂门口——这个食堂就是由一个人防山洞改成的，特别提醒，"墨云深处"就在山脚食堂的左边，上几级台阶就到，记住，它并不在山腰的上、下洞，其高度较人防山洞稍高些——拿了个拖把，沾上水，把石刻上的一些灰尘擦去……因为当时该石刻被一些藤蔓和乱七八糟的植物完全遮挡住了，植物上面还爬有一些毛毛虫。如果不是很认真地找，根本不可能发现这件石刻，至于我想拍一个推镜头的视频那就根本不可能了。字被藤蔓植物挡完了，照片也只能从很斜的角度来拍，就像前面那两张的角度一样（提醒：需要站到旁边一个离地一米多高的石坎上方能拍摄）。思考了一下，我就行动了，先是走下去问食堂有没有砍柴的刀，或斧头也行，回答都没有，那就只好用手扯、用手折了，好在这些植物长得很浅，稍微一用力，就从石缝里扯下来了。藤蔓也经不起折弯，一下子就断了，双手披荆斩棘，很快站在下面的平台上也能够无遮拦地看到"墨云深处"了。我把相机镜头推上去，毫不犹豫地按下了快门。当天，拍完"墨云深处"石刻后，我又沿山脚东行数十米，拍摄了碧霞洞的"冰壶"石刻。此时已过中午12点，饥肠辘辘，闪人。

● 李秉绶题"墨云深处"四字拓片

十年后的2020年11月,我不仅拍摄了"墨云深处"石刻拓片照片,还特意手持"墨云深处"石刻拓片在碧霞洞口的脚手架上拍了张照片。"墨云深处"石刻高38厘米,宽111厘米。行书,题字字径28厘米,款字径5.5厘米。书法墨色饱满,行笔坚定有力,给人一种生机勃勃、酣畅淋漓之感。我很喜欢。

书法,就是这样一个有意味的形式。

欧阳修在《集古录跋尾》中说:"余尝喜览魏、晋以来笔墨遗迹,而想前人之高致也。所谓法帖者,其事率皆吊哀、候病、叙睽离、通询问,施于家人朋友之间,不过数行而已。盖其初非用意,而逸笔余兴,淋漓挥洒,或妍或丑,百态横生。披卷发函,烂然在目,使人骤见惊绝。徐而视之,其意态愈发无穷,故使后世得之以为奇玩,而想见其人也。至于高文大册,何尝用此!今人不然,至或弃百事,弊精疲力,以学书为事业,用此终老而穷年者,是真可笑也。"这是欧阳修在王献之的一则法帖下的跋尾。

古人讲究"三立",立德、立功、立言。在欧阳修看来,书法乃"学者之余事"。就南宋而言,在广西的山水间登场的一众大咖,诸如李邦彦、孙觌、张仲宇、吕愿忠、张孝祥、范成大、张栻、朱熹、詹仪之、梁安世、朱希颜、方信孺、李曾伯等,既有外来大咖,也有本地名人,他们在桂林的山崖石壁上刻下文字的同时,也把登山临水的情趣留在了桂林山水间,让后人"看山如观画,游山如读史"。他们中的许多人的确倒不一定是"以学书为事业",但他们提笔之处,总是要先学法帖、碑版,吸收前人好的书法,最后才笔墨从心、自出机杼的呀!何况现在时代不同了,古人生来就用毛笔写字,而今人要想写好书法,除了悟性之外,还真得要下一番持之以恒的苦功夫不可。

除了法帖,我们今天实地踏勘古人石刻,或者目睹古人石刻拓片,亦能真切感受到不同书法面貌带来的不同感受与感悟。

当我第一次看到清代赵镇清叠彩山题诗石刻时,就有一种很严谨的感觉。待后来再看到其拓片时,更是从头至尾仔细阅读一遍。该石刻位于叠彩山风洞穹顶,是一件天碑。高135厘米,宽67厘米。真书,字径7.5厘米。题刻于光绪十八年(公元1892年)五月。石刻内容是两首五言律诗,书法上更多的是欧体书风,字体严谨规整,结构精妙紧凑,也带有一些颜、柳意味,不足之处在于严谨有余,生动不足。即便如此,这样的书风在清代桂林石刻中似乎并不多见。赵镇清光绪间游宦于广西,曾任天河县知县、宜山县知县。光绪三十年(公元1904年)正月,赵镇清因"亏空公款,被革职,并提属勒追"。

常侍曾清賞千年我恰來洞門今古關
畫本晉唐開賓主琴三疊神仙酒一杯
此間真福地小立幾徘徊峭絕三千仞
乾坤袛履中幽巖餘古寺石關詩工
泉滴剛驚雨涼生不借風忽然天色曙
眼界畫翻空 光緒壬辰仲夏月
新會趙鎮清心氏題

● 趙鎮清疊彩山題詩拓片

让我眼前一亮的石刻书法，还有明代王守仁稽首拜书的《平思田纪功碑》。2020年1月14日，我在桂林博物馆举行的"八桂古刻 书史遗珍"——广西少数民族地区文字石刻拓片巡展现场第一次看到该石刻拓片，就被它震惊了。该石刻位于广西百色市平果市马头镇码头之右江南岸。拓片高约300厘米，宽约400厘米，气势不凡。《八桂古刻 书史遗珍》评价其书法，说："点画刚劲，结构宽博，章法行列均匀，工整峻迈，风格端庄高雅，冲和沉静。深得颜真卿、柳公权意。"我在现场将其与王守仁亦即王阳明的形象结合起来。王阳明是明代著名的思想家，"圣人"级人物，立德立功立言，自不待言，殊不知他还是一位大书法家。徐渭就说："王右军书掩其人，王阳明人掩其书。"王阳明传世作

● 王守仁书《平思田纪功碑》拓片

品不多，主要是书信和手札，这件真书石刻作品颇有气势，当是其存世作品中不可多得的一件。

书法，一个有意味的形式。

以上我们比较了清代刘心原与宋代曾布、陈孔硕的篆书，看了康有为的书法，还有文彦博、李秉绶的书法，由此论及书品即人品、字如其人的话题，最后看了赵镇清的书法、王守仁的书法。将书法与人结合起来，让人眼前一亮的同时，是不是也让人若有所思呢？特别是通过之前鉴赏的唐宋以来的一些石刻书法，我得到了什么感悟呢？

书法入门，从一宗开始，继而上下求索，博采众长，最后自出机杼，卓然大成，这是许多书家都走过的路。五光十色、百花齐放也是书法大观园该有的面貌。不过我想说我的一个感受，中国书法上千年的流变，虽然可以说是五光十色、争奇斗艳，但也有一个不好的趋势，那就是"老人气"似乎越来越浓，越发地缺少"活力"因子。虽何绍基、康有为如此大名鼎鼎者，不仅不能免，反而像是其典型代表。我这是得罪人的话，也是一叶障目的话。我想说的是，学前人书法我们更多地应该汲取其中的活力，活力四射才会生机勃勃，而不是最后虽然机杼从心，自成一体，甚至卓然大家了，却透出一股子暮气，就不好了。明清以降，尽管书法大家不少，但总体上我觉得还是欠缺了活力。